치유와 회복

힐링! 예수 그리스도의 선물 II

KB191960

힐링! 예수 그리스도의 선물 II

치유와 회복

초판 1쇄 인쇄 2015년 09월 23일
초판 1쇄 발행 2015년 09월 30일

지은이   문요셉, 김에스더 공저
펴낸이   문양식
펴낸곳   홀리크로스찬양드림
출판등록   2014. 10. 2(제444-2014-000001호)
주소   충청북도 영동군 매곡면 강진리 해평동 2길 12
               두란노제자훈련원
전화번호   043-745-0191 / 010-6429-3575
Email   mxak1475@hanmail.net
ISBN   979-11-954021-3-7 04230

               979-11-954021-0-6 04230 (set)

이 도서의 국립중앙도서관 출판예정도서목록(CIP)은 서지정보유통지원시스템 홈페이지(http://seoji.nl.go.kr)와
국가자료공동목록시스템(http://www.nl.go.kr/kolisnet)에서 이용하실 수 있습니다.
(CIP제어번호 : CIP2015025702)

힐링! 예수 그리스도의
선물 Ⅱ
치/유/와/회/복

문요셉, 김에스더 공저

"심령이 가난한 자는 복이 있나니
천국이 저희 것임이요"

[마 5:3]

홀리 크로스
찬양드림

Healing

예수 그리스도의 선물

선물은
그 사람의 길을 너그럽게 하며

또
존귀한 자의 앞으로

그를
인도하느니라

[잠 18:16]

Healing

성령과 말씀

홀·리·크·로·스·찬·양·드·림

제일은

사랑이라

[고전 13:13]

하늘의 선물
내려와

십자가 사랑의 은혜를 통해
하나님의 자녀로 부르심을 받은 우리

성령으로 거듭난 새 생명
하나님의 영으로 경배하는 그리스도의 몸 된 교회

예수님께서 일하셨던 사역을 따라
하나님 나라 선포·치유·가르치심으로 가는 길!

"오직 성경으로!"

성령과 말씀으로 정결하게 씻긴
고귀한 사명을 가슴에 안고

하나님 나라 확장에 충성하는
일꾼 되리라.

하나님께서 기뻐 받으시는 제자의 삶으로
아름답게 드려지는 선물이기를!

주님
다시 오실 때까지
그 거룩한 평화의 길을

오늘도 한 걸음씩 달려가기 원합니다!

홀·리·크·로·스·찬·양·드·림

들어가면서

하늘의 선물!
놀라운 축복의 선물이 이 땅에 내려왔습니다.
그 소중한 선물의 향기가 온 세상에 가득합니다.

고귀한 선물의 이름은 "예수 그리스도"이며,
선물 안에 담겨있는 기쁜 소식은 오직 십자가 사랑입니다.
그 사랑 안에 들어있는 힐링의 축복은
모든 것을 이루도록 우리 안에 살아있는 성경적 회복입니다.

만일 그 선물을 찾았다면…
성령 안에서 기쁨과 감사의 눈물로 회개하며
매 순간 하나님께 영광의 찬송을 올려드릴 것입니다.
또한 하늘의 선물을 받은 놀라운 은혜로 세상을 향해
십자가를 전하고픈 소망을 끌어안고 온 맘과 정성 다해
하나님 나라 확장에 쓰임 받는 일꾼으로 충성할 것입니다.

그런데 안타깝게도 아직 그 선물을 찾지 못했다면…
세상의 어두움에 시달려 상하고 찢긴 아픔의 고통으로
빛을 찾아 부르짖는 가운데 십자가 앞에 몸부림치며
하나님의 도우심을 기다리는 절박한 심령일 것입니다.

예수님께서 빛과 진리와 생명으로 이 메마른 땅에 오심은
갈급한 심령에게 십자가 사랑으로 목마름을 채워주심으로
주의 진리 위해 십자가 군기를 높이는 새 일꾼 삼으시고 복음 안에 살
아가는 제자로 부르시려는 뜻입니다.

"힐링! 예수 그리스도의 선물" 속에는
세상이 알 수 없고, 줄 수 없고, 깨달을 수도 없는
영원한 축복의 길이 활짝 열려 있습니다.

첫 번째 선물의 만남은 성경적 전인교육입니다.

온 세상에 있는 그리스도 가정의 모든 자녀와 부모가,

그리고 모든 교회의 교회학교 학생과 교사가,

하나님 나라를 찾아 말씀의 양육으로 하나 되는 길입니다.

두 번째 선물의 만남은 치유와 회복입니다.

보혈의 능력으로 연약함이 정결하게 씻기는 치유를 얻고

말씀의 회복으로 강하고 담대하게 나아가는 새로운 길에서 하나님께

찬양과 경배로 회개하며 영광을 돌리는 길입니다.

세 번째 선물의 만남은 성경적 제자훈련입니다.

진리의 말씀을 따라 빛 가운데 거하며

성령을 따라 십자가로 가까이 나아가는 제자의 길에서

하나님 나라의 화평을 전하는 빛과 소금의 길입니다.

오직 성경으로 살아가는 하나님 세상이 열리기까지…

성경적 전인교육과, 치유와 회복, 제자훈련을 통한

성령의 역사 가운데 온전한 회개가 일어나고

부르심을 입은 백성들이 예수 그리스도 안에서
충만한 기쁨과 감사의 은혜로 연합되어 갈 것입니다.
"힐링! 예수 그리스도의 선물"을 품에 안고 깨어나는
소중한 사람들의 마음속에…

고귀한 십자가 사랑이 일어나는 성령의 역사와 함께
날마다 새로운 은혜의 삶을 찾는 화평이 임하며
주께 영광 돌리는 제자의 길이 활짝 열리기를 소망합니다!

"힐링! 예수 그리스도의 선물"이 출간되어
많은 사람들에게 기쁨의 선물로 전해지기를 기도하는
"홀·리·크·로·스·찬·양·드·림"과 함께…

2015년 싱그러운 여름 충북 영동 두란노제자훈련원에서 섬기는
문요셉, 김에스더 목사 드림

선물의
순서

예·수
그·리·스·도·의
선·물

사람마다

먹고 마시는 것과

수고함으로 낙을 누리는 것이

하나님의 선물인 줄을

또한

알았도다

[전 3:13]

H·e·a·l·i·n·g
힐 링

십자가 보혈 주님의 선물
날마다 두 손 들고
감사하리라

우리 위해 당하신 십자가 고난
그 은혜 우리 맘을
자유케 하네

복음의 사랑 안고 눈물 흘릴 때
고요히 들려오는
주님의 음성

나는 너의 생명이니 내 안에 거하라
나는 너의 빛이니
나를 따르라

아픔의 상처 쓰라린 고통
부드럽게 녹이시는
아버지 마음

따스한 손길로 만져 주시네
모든 허물 덮으시는
주님의 사랑

제 1 장

천·국·문·을·향·한·일·곱·길

구원의
즐거움을 내게 회복시키고

자원하는 심령을 주사
나를 붙드소서

[시 51:12]

소중한 길

우리가 걸어가야 할 가장 소중한 길은 어떤 길일까요? 그 길에서 우리 마음이 항상 기쁘고, 무슨 일을 만나도 변치 않는 주의 사랑으로 능히 이겨내는 행복한 길이기를 원합니다.

그 길의 시작은 예수님을 만나는 길입니다. 영원한 생명의 길을 인도하시려고 진리의 빛으로 십자가를 완성해 주신 예수 그리스도! 그 분은 우리 앞에 막혀있던 담을 모두 헐어주시기 위해 십자가에서 모진 고난을 감당하신 분이십니다.

오직 한 분이신 하나님의 아들, 우리 구주 예수님! 바로 그 분께서 십자가에 흘리신 보혈로 우리는 완전한 사랑을 입었고, 우리의 갈 길이 빛으로 환하게 밝아진 것입니다.

변찮는 주님의 사랑과 거룩한 보혈의 공로를
우리 다 찬양을 합시다 주님을 만나볼 때까지

십자가로 나아가 구주 예수님을 바라볼 때 우리의 마음은 온통 눈물바다가 되어 흐릅니다. 우리가 불순종하여 주님을 십자가에 못 박았기 때문입니다. 십자가에서 우리의 죄를 긍휼하신 사랑으로 감싸주신 주님! 우리를 죄에서 건지신 그 분께서 우리가 가야 할 소중한 길을 열어주셨습니다.

하·늘·문·을·향·하·여

내가
천국 열쇠를 네게 주리니

네가
땅에서 무엇이든지 매면
하늘에서도 매일 것이요

네가
땅에서 무엇이든지 풀면
하늘에서도 풀리리라

[마 16:19]

일곱길

한 길 = 사랑의 길
언제나 지키시는 은밀한 보호

두 길 = 믿음의 길
보이지 않아도 연합하는 동행

세 길 = 감사의 길
주님의 아름다움을 닮아가는 지혜

네 길 = 회개의 길
주님의 빛으로 피어난 새 생명

다섯 길 = 순종의 길
손잡고 따라가는 믿음의 은혜

여섯 길 = 회복의 길
연약함을 도우시는 그리스도 십자가

일곱 길 = 소망의 길
가장 좋은 것을 예비하신 주님의 소원

한 길
사·랑·의·길

사랑하는 자들아

하나님이
이같이 우리를 사랑하셨은즉

우리도
서로 사랑하는 것이
마땅하도다

[요일 4:11]

언제나 지키시는 은밀한 보호

나보다 나를 더 헤아려주는 소중한 사랑을 받는다면 그보다 더 큰 사랑이 있을까요? 더욱이 내가 알지 못하는 것까지도 다 찾아서 해결해주고, 먼저 나를 지켜주는 사랑이라면 그보다 더 큰 믿음의 기쁨과 감사의 사랑은 없을 것입니다.

사랑의 길은 불가능한 것을 가능케 하는 완전한 길입니다. 그 길에서 마음의 연약함을 벗고 세상의 문제를 해결 받는 주님의 위로 가운데 오직 기쁨과 감사로 영광을 돌리며 살아가는 것입니다.

성령도 우리 연약함을 도우시나니 우리가 마땅히 빌 바를 알지 못하나
오직 성령이 말할 수 없는 탄식으로
우리를 위하여 친히 간구하시느니라 [롬 8:26]

사랑은 하나님께 속한 것입니다. 그런데 하나님께 속한 것과 세상에 속한 것은 절대로 함께 있을 수 없습니다. 따라서 사랑의 길을 가려면 세상이 주는 것을 다 버리고 오직 주님의 것으로만 살기를 결단해야 하며, 언제나 지키시는 은밀한 보호 가운데 내려오는 하늘의 평안으로 걸어가야 합니다.

그리고 그 평안을 지키는 자가 되어야 합니다. 세상에 속한 것에 마음이 붙들리지 않도록 다가오는 모든 근심과 걱정을 버리고 세상을 담대히 이겨내는 자가 되는 것입니다.

사랑 안에 두려움이 없고 온전한 사랑이 두려움을 내어 쫓나니

[요일 4:18]

현실은 우리에게 날마다 많은 문제를 안겨줍니다. 그런데 그 문제가 세상이 주는 유혹이나 혹은 세상의 일로 근심과 걱정을 부르기도 하지만, 진정한 하나님 사랑 안에서 담대하게 살아가는 사람인가를 시험하는 것이 될 수도 있습니다.

그러므로 어려운 일을 당할 때마다 그때가 진정 하나님을 찾을 때라는 깨달음의 은혜로 감사하고, 하나님 안에 살아가는 사람이라는 확신으로 세상의 불안한 생각을 물리치는 용기를 구해야 합니다. 불안한 마음은 곧 두려움이 되어 하나님을 향한 믿음을 놓치게 하고 잃어버리게 할 수도 있기 때문입니다.

하나님은 십자가 복음을 통해 인간의 모든 죄를 용서해주셨습니다. 그 사랑으로 깨끗하게 씻긴 우리는 아버지의 한없는 은혜에 감사하는 마음으로 항상 기뻐해야 합니다.

또한 십자가 사랑은 모든 죄를 하나도 남기지 않고 깨끗이 씻어주심으로 주님과의 진정한 화해를 이룬 것입니다. 십자가를 지심으로 우리의 모든 죄가 멸하였고 그 사랑 안에 거함으로 온전한 용서를 받은 주님의 거룩한 자녀인 것입니다.

우리는 그렇게 용서받은 죄인의 은혜와 사랑을 입은 자가 되어야 합니다. 주님의 한없는 사랑으로 새롭게 회복된 자이며 또한 거듭난 자로서 이젠 우리도 예수님처럼 다른 모든 사람을 용서하는 완전한 사랑을 지니고 살아가야 합니다.

하나님이 우리를 사랑하시는 사랑을 우리가 알고 믿었노니
하나님은 사랑이시라 사랑 안에 거하는 자는 하나님 안에 거하고
하나님도 그 안에 거하시느니라 [요일 4:16]

구원받은 자는 완전한 사랑을 입었으므로 원수도 사랑하는 마음을 지니면서 어떤 문제가 와도 능히 이겨내는 지혜로 기쁨을 누려야 합니다. 곧 모든 것을 감당하는 하늘의 도우심을 얻는 것이며 주님과의 관계성을 온전히 이루는 것입니다.

즉 우리 마음에 쌓인 세상의 근심과 걱정을 십자가 앞에 모두 내어드리고 자유함과 평안을 얻는 것입니다. 또한 십자가를 지고 따라감으로 세상을 향한 근심과 걱정이 쌓이지 않도록 쉼을 얻고, 주님의 온유한 마음을 배우는 것입니다.

힐링은 그렇듯 하나님의 완전한 사랑 안에 거함으로 세상이 주는 구속을 모두 벗고 온전한 자유함으로 하늘의 복을 누리는 것이며, 십자가 앞에 인간의 연약함을 다 맡겨드릴 때 주시는 믿음의 용기로 날마다 평안을 지키는 것입니다.

주께서 십자가를 지신 구원의 사랑은 우리 삶의 전부를 다 맡아주신 것이므로, 십자가 보혈의 능력을 의지해서 세상의 근심과 걱정을 다 몰아내도록 힘쓸 때입니다. 현실의 문제를 다 이기는 사랑의 능력으로 새 생명을 얻은 자의 길입니다.

하나님 사랑 안에 거하는 생활은 마음을 감찰하시며 있어야 할 것과 없어야 할 것을 주관하시는 성령을 따라 감당할 힘을 채우는 것입니다. 매순간 주님의 마음을 깨닫는 지혜로 새로운 길을 찾아가도록 온전한

사랑을 입고 오직 하나님께서 인도하시는 사랑의 길을 날마다 걸어가는 것입니다.

> **우리를 구원하시되 우리의 행한 바 의로운 행위로 말미암지 아니하고**
> **오직 그의 긍휼하심을 좇아 중생의 씻음과**
> **성령의 새롭게 하심으로 하셨나니** [딛 3:5]

십자가 사랑 안에 거하는 축복은 예수의 권세로 인간의 나약함을 벗고 세상의 일들을 능히 감당하는 것입니다. 진정한 그리스도의 것이라는 확신으로 하늘의 것과 세상의 것을 분별하고 세상의 죄악과 싸워 이기는 자가 되는 것입니다.

사랑의 길은 하나님께 마음의 중심을 모두 내어드리고 성령을 따라 잠잠히 걸어가는 길입니다. 모든 일을 통해 성령께서 일하심을 느끼면서 주의 사랑을 깨닫고 마음 깊은 곳에서 일어나는 주님과의 깊은 교제로 진실한 대화를 나누며 가는 것입니다.

하나님이 주신 사랑이 얼마나 크고 소중한 것인지를 깨닫는 은혜가 정말 소중하기 때문입니다. 그 사랑의 높이와 깊이와 넓이를 온전히 바라보고 십자가에서 주신 사랑의 능력을 다 찾고 누리는 자가 되어야 합니다. 오직 주님만으로 살아가기를 결단하고 담대하게 나아가 소망을 찾는 길입니다.

주님만으로 살아가는 것은 모든 생각과 마음이 그 누구의 것도 아닌 오직 한 분이신 성령의 마음을 따르는 것입니다. 또한 주님을 사랑하는 자들이 함께 모여 기쁨을 나누고 연합하며 가는 길입니다. 성령의 은혜를 통해 마음을 활짝 열고 화평을 이루며 행복을 누리는 복된 길입니다.

"자유롭고 싶은 답답한 마음입니다...!"

저는 아내로부터 자유롭게 독립하고 싶은 사람입니다. 몇 십 년을 함께 살았지만 저희 부부의 문제가 조금도 달라지지 않고 변화될 가망조차 전혀 보이지 않기 때문입니다. 어떤 것도 함께하기가 정말 힘든 어려움이 있는 것은 서로의 성향이 너무나 다르기 때문입니다. 아내는 도무지 자기 고집을 꺾으려 하지 않고 자기 생각이 옳다고만 주장하면서 오히려 저를 마음대로 잡아끄는 목소리가 점점 더 커져만 갑니다.

부부가 함께 살아가려면 서로 도와주고 협조하기 위해서 같이 노력해야 하지 않을까요? 그런 아쉬움으로 오랫동안 기다려왔지만 이젠 저도 지쳐서 어떤 것에 대해서도 나누고 싶은 마음이 생기지가 않습니다. 그리고 이젠 차라리 그냥 혼자 생활할 수 있는 자유가 있었으면 하는 마음뿐입니다.

결혼생활을 너무 쉽게 받아들이고 시작했다는 후회만 갈수록 커지는데, 그렇다고 이제 와서 다시 바꿀 수도 없으니 이제부터는 정말 어떻게 하면 좋을지, 갈수록 가슴만 터질 듯이 답답하고 그래서 자꾸 체념하는 생각으로 흔들립니다.

기독교 가정이니까 서로 사랑하고 행복하게 살아야 하는데, 갈수록 더욱 지나친 요구를 하고, 불만과 지적이 도무지 멈추지 않고 오히려 심해지기만 하는 현실이 너무 아득하고 캄캄해서 앞으로 어떻게 해야 할지 정말 답을 모르겠습니다.

기도를 하려 해도 아내의 고집을 꺾을 수 없다는 무거운 벽이 느껴져서 잘되지 않고, 결국 어떤 일에서도 합일점을 찾을 수 없다는 실망감만 커져가니, 소망이 없는 불가능으로 굳게 닫혀버린 문 앞에서 저는 정말 어떻게 해야 할까요?

"우리는 주님 안에서 자유를 누려야 합니다…!"

샬롬…! 자유케 되기를 원하시는 마음은 소중한 기도의 끈이 됩니다. 왜냐하면 주님의 사랑 안에 우리를 자유케 하시는 열쇠가 들어있기 때문입니다. 그래서 우선 주 안에서 자유를 누릴 수 있기를 소망하는 마음의 기도를 해야 합니다.

결혼은 서로 다른 가정의 문화에서 성장하고 만나서 함께 살아가는 것이기 때문에 서로에 대한 차이를 이해하고 받아들이는 마음을 찾는 기도가 정말 중요할 수 있습니다. 그렇게 되면 서로의 다른 성향은 오히려 각자에게 새로움을 줄 수 있게 되고, 상대를 통해 미처 알지 못했던 것을 체험하는 분위기 속에서 서로의 부족함을 보완해 줄 수도 있습니다.

하지만 대부분의 경우에는 그 마음을 찾으려 하다가 힘들어져서 멈추게 됩니다. 왜냐하면 결혼한 후에 함께 모든 생활을 하면서 서로 부딪치는 문제가 심각할 수 있기 때문입니다. 그래서 서로에 대한 자유를 얻지 못하고 고통을 받는 고민에 빠져 갈등이 심해지는 것이 결혼생활의 현실입니다.

결혼은 서로가 만나 사랑함으로 이루어진 관계인데 문제가 생겼다면 그 원인은 사랑의 마음을 주고받는 진정한 교제가 부족했던 때문입니다. 따라서 그 해결책은 진정한 교제를 이루도록 상황의 문제를 사랑으로 바라보는 것입니다. 서로에게 진정한 마음으로 다가가는 사랑의 교제를 찾아야 하기 때문입니다.

사랑은 무엇일까요? 어디서 생겨났을까요? 그 시작은 우리를 향한 십자가 구원의 사랑입니다. 생명까지 내어주신 주님의 완전한 사랑을 받았으니 그 안에서 살아가야 합니다.

결국 인간의 마음을 녹이시는 아버지의 사랑을 바라보고 완전한 사랑의 힘을 얻도록, 그리스도의 마음을 품고 예수님을 닮아가는 십자가 사랑으로 연합하며 나아갈 때입니다.

예수님은 우리 죄를 용서하시고 사랑하셨습니다. 우리의 모든 허물을 용납하고 받아주시기 위해 십자가를 지셨습니다. 그래서 주님의 사랑은 우리를 살리는 용납의 십자가입니다. 이제 주님이 용납해주신 완전한 사랑으로 새 힘을 얻고 서로에게 힘이 되는 사랑을 하도록 다시 시작하기를 원합니다.

사랑은 눈에 보이지 않는 깊은 마음을 들여다보는 눈을 열고 다가가야 합니다. 그 사랑의 눈으로 자신의 마음을 살펴보고 아내의 마음을 느끼면서 서로가 함께 깊이 나누려고 한다면 그 때가 바로 진정한 교제를 이룰 수 있는 기회입니다.

그 사랑으로 먼저 아내의 마음이 녹아지도록 입장과 상황을 용납하며 다가가는 지혜를 얻어야 합니다. 그 지혜는 바로 남편이 자신의 마음을 알아준다는 것을 아내에게 느끼게 하고, 남편으로부터 사랑 받고 있다는 확신도 찾아줍니다. 그렇게 자신의 마음을 알아주는 남편을 바라보는 아내의 마음에 남편의 깊은 사랑이 느껴지고, 그 사랑을 통해 비로소 자신도 남편을 사랑하는 마음을 배우게 될 것입니다.

★ 실제적 생활에서의 상황을 용납하는 지혜 ★
- -
남편: 오늘은 우리 나가서 외식을 하면 어떨까?
아내: 그냥 집에 있는 거 먹으면 되는데… 뭐하러 나가서 돈을 써요?
- -

이 상황에서 남편이 구해야 할 지혜는 무엇일까요? 바로 외식보다 돈을 중히 여기는 아내의 마음을 들여다보고 인정해줄 수 있도록 용납하는 마음을 구하는 것입니다.

왜냐하면 아내는 외식하는 일이 기쁘기보다 오히려 못마땅하기 때문에 속상해지는 아내의 마음이 외식을 하자고 하는 남편의 마음을 더 힘들게 할 수도 있기 때문입니다.

아내의 마음을 용납하는 지혜는…, '지금 아내는 외식으로 즐거워하기보다 돈을 안 쓰는 것으로 행복을 찾는 사람이구나!'라는 쪽으로 마음을 돌리고 인정해주면서 그 다음의 상황으로 진행되도록 아내의 마음을 두드려보는 것입니다.

그런데 그 시점에서 중요한 것은 자신의 마음을 무조건 참기 보다 열어놓아야 하는 것입니다. 예수님이 십자가에서 이루신 공로는 아버지 뜻을 따르도록 순종하셨기 때문입니다. 즉 아내의 뜻을 바라보며 한 마음으로 연합될 수 있다는 소망을 찾고, 자신의 마음이 주님의 마음을 닮아가므로 용납하는 순종의 마음을 배울 수 있다는 믿음으로 간구해야 합니다.

자신은 아내와 외식을 하면서 즐거움을 찾고 싶었지만 아내가 원치 않는 상황에서 어떻게 하는 것이 서로에게 진정한 기쁨의 교제이며 사랑을 나누는 지혜인지를 찾아봅니다.

부부생활에서 가장 중요한 행복의 열쇠는 사랑하는 마음과 사랑 받는 마음을 서로 주고받는 의사소통입니다. 곧 서로의 진실한 마음을 알고 깊이 나누는 진실한 상호작용입니다. 우리는 때때로 행동의 불일치 때문에 실망하고 힘들어질 수 있지만, 상황을 용납하는 마음으로 상대에게 따뜻한 위로와 격려를 줄 수 있다는 기쁨과 감사로, 상대에게 마음을 맞추면서 심리적 안정을 찾을 수 있다는 소망을 지녀야 합니다.

♥ 아내와의 외식문제를 해결하는 지혜 ♥

- -

남편: 난 오늘 외식을 하고 싶은데 당신은 원하지 않지? 그러면 오늘은 당신의 요리 솜씨로 특별 요리를 만들면 어떨까? 그럼 난 당신과 외식한 것처럼 즐거울 텐데…!

아내: 네…? 아…!

- -

이렇게 제안한다면 정말 지혜로운 남편입니다. 왜냐하면 아내가 돈 때문에 안 나가겠다고는 했지만 남편이 진심으로 외식을 원하고 있다는 마음을 깨닫는 상황을 맞이하게 되면서, 동시에 외식하지 않겠다고 거절한 아내의 마음을 알아주는 남편이라는 감동을 얻는 소중한 기회이기 때문입니다.

결혼의 시작은 사랑하는 사람과 항상 함께 있기 위해서입니다. 그리고 결혼생활의 행복은 서로가 원하는 걸 함께 할 수 있다는 기쁨으로 채워질 때 지켜지는 것입니다.

그러므로 결혼생활의 여러 가지 문제를 해결하기 위해서는 너무나 소중했던 첫사랑의 기쁨과 감동을 다시 찾아야 합니다. 또한 서로의 진실한 마음을 알도록 깊이 의사소통하는 대화의 기회를 찾고 나누면서 즐거움을 얻어야 합니다.

진실한 대화를 통해 서로의 솔직한 마음을 알게 되고 상대가 진정으로 원하는 것에 대해 깨닫게 될 때, 서로의 문제는 작아지고 부부간의 사랑은 점점 커지면서 진정한 기쁨을 주고받는 행복한 관계가 다시 살아날 수 있기 때문입니다.

너희가 만일
너희를 사랑하는 자를 사랑하면 칭찬 받을 것이 무엇이뇨
죄인들도 사랑하는 자를 사랑하느니라 [누가복음 6:32]

사랑의 길

사랑을 기다리나요
마음 깊은 곳을 바라보세요
누군가 보내준 선물이 있어요

사랑을 찾고 있나요
마음 깊은 곳을 느껴보세요
누군가 지켜준 선물이 있어요

지금 홀로 외로운가요
곁에 계신 주님 손을 잡고
늘 함께 있음을 감사하세요

외로움과 슬픔이 지나간 그 자리에
아무도 모르게 다가오신 분
그 분이 안아주고 계시답니다

마음속에 흐르는 은혜의 눈물로
하나님의 소중한 자녀임을 깨달아
주가 주신 생명의 길로 달려가세요

십자가 보혈로 밝은 빛 되어
우리 작은 가슴을 환히 비추는
아름다운 사랑의 길입니다

두 길
믿·음·의·길

믿음은
바라는 것들의 실상이요
보지 못하는 것들의 증거니

선진들이
이로써 증거를 얻었느니라

[히브리서 11:1-2]

주님은 우리 안에 살아계셔서 모든 삶을 주관해주시는 분입니다. 하지만 성령께서 하시는 일은 눈에 보이지 않기 때문에 들음으로 말씀을 믿어야 합니다. 주님 마음을 깊이 사모하는 자가 될 때 성령의 이끄심을 온전히 따르게 됩니다.

**믿음으로 모든 세계가 하나님의 말씀으로 지어진 줄을 우리가 아나니
보이는 것은 나타난 것으로 말미암아 된 것이 아니니라** [히 11:3]

믿음은 보이지 않는 것을 볼 수 있는 마음으로 바꾸는 것입니다. 그러므로 우리 마음 깊은 곳에서 원하는 것을 주님 안에서 이루기까지 십자가 앞에 나아가 부르짖어야 합니다.

세상의 모든 만물이 하나님께 속한 것임을 알고 또한 우리도 하나님의 것임을 깨닫는 지혜로 믿음의 길을 걸어갑니다. 그 길은 우리 죄를 정결하게 씻어주시려 십자가에 달리신 그리스도의 복음 안에 살아가는 축복의 길이며, 믿음으로 세상을 이기도록 말씀의 능력을 의지하며 살아가는 길입니다.

만일 우리가 불순종한 죄인임을 모른다면 십자가와 아무런 관계가 없겠지만, 주님을 십자가에 못 박은 죄인임을 깨닫고 깊이 회개한다면 보혈의 능력으로 새 생명을 얻은 자입니다.

믿음의 길은 죄를 회개하고 새 생명을 얻은 자가 오직 주님만을 의지

하고 따르는 길이며, 보혈의 능력으로 용서함을 받은 은혜와 죄에서 자유를 얻은 기쁨의 확신으로 주님과 동행하는 것입니다. 생명을 주신 주님의 사랑과 은혜로 모든 것을 끌어안고 용서하는 참 생명의 길을 찾아가는 것입니다.

근심하는 자 같으나 항상 기뻐하고
가난한 자 같으나 많은 사람을 부요하게 하고
아무 것도 없는 자 같으나 모든 것을 가진 자로다 [고후 6:10]

믿음의 길로 달려가는 복음의 사람은 말씀의 능력을 의지하여 다음의 세 가지를 지키면서 십자가 앞에 나아갑니다.

첫째, "근심하는 자 같으나 항상 기뻐하고" [고후 6:10]

우리는 십자가 사랑으로 항상 기뻐하면서 평화롭게 살아가는 자로서 다시는 세상일로 근심하지 말아야 합니다. 죄에 빠져 더러워진 우리를 정결케 씻어주신 구원의 십자가 앞에 진정한 감사로 나아갈 때입니다. 이제는 죄와 상관없는 완전한 그리스도의 것이라는 확신으로 구별된 삶을 살아가도록 오직 말씀 위에 굳게 서는 자가 되어야 합니다.

항상 주님께서 사랑으로 보호하시는 능력을 체험하고 하나님과 마음을 연합하면서 매순간 성령의 인도를 따라가야 합니다. 모든 일을 통해 주가 역사하시는 뜻을 깨닫는 눈이 열리도록 주신 삶을 기뻐하는 믿음의 확신을 간구해야 합니다.

우리를 위해 세상에 오셔서 고난 받으신 주님을 바라보며 하나님을 진정한 아버지로 모실 때, 자녀의 권세를 얻은 기쁨과 감사로 세상의 근심을 물리치는 능력을 얻는 것입니다.

둘째, "가난한 자 같으나 많은 사람을 부요하게 하고" [고후 6:10]

우리는 세상 것이 없어 힘이 없는 가난한 자 같아 보이지만 하늘의 풍성한 은혜로 놀라운 축복을 입은 자입니다. 서로 나누고 전하면서 점점 더 커지는 은혜로 모두가 부요케 되도록 서로 돕고 살아가는 믿음의 자녀가 되어야 합니다.

소중한 생명을 아낌없이 내어주신 주님과 가장 가까운 친구가 되는 것은 믿음의 풍성한 은혜로 부요함을 얻고 자녀의 모든 삶도 주님 앞에 다 드려서 온전히 동행하는 것입니다.

어려운 이웃을 돌아보고 고통을 함께 나누며 도와줄 때 심령이 가난한 자입니다. 주님은 심령이 가난한 자에게 어려움과 환란으로부터 피할 길을 주시며 위로와 평안을 주십니다.

셋째, "아무 것도 없는 자 같으나 모든 것을 가진 자로다" [고후 6:10]

주님의 자녀는 십자가 은혜를 입어 하늘의 것을 소망하는 가난한 심령으로 세상의 것을 찾지 않는 마음을 지닙니다.

예수의 마음을 품어 인간의 나약함을 십자가에 못 박을 때 주님의 완전한 사랑으로 능치 못함이 없는 담대함을 얻게 됩니다. 세상을 이기는 주님의 평화로 무장하는 것입니다.

믿음의 길을 가는 것은 매순간 하나님이 허락하신 은혜를 찾고 누림으로 진정한 감사를 드리는 것입니다. 무거운 마음의 짐을 십자가에 모두 내려놓고 가벼운 주님의 멍에와 바꾸는 기쁨의 확신으로 날마다 걸어가는 은혜의 길입니다.

믿음의 길은 하나님께 구속된 자로 담대하게 살아가도록 성령께서 주시는 마음의 감동을 따라 순종하는 길입니다.

하나님이 주시는 축복을 통해 모든 것을 다 가진 자는 복음에 빚진 자로서, 주님을 온전히 섬기고 성령을 의지하면서 주님의 뜻을 이루도록 끝까지 믿음으로 따르는 자입니다.

예수를 너희가 보지 못하였으나 사랑하는도다 이제도 보지 못하나
믿고 말할 수 없는 영광스러운 즐거움으로 기뻐하니
믿음의 결국 곧 영혼의 구원을 받음이라 [벧전 1:8-9]

"어느 날 다가온 충격…!"

저는 의사입니다. 어느 날 제 아이가 정상과 다르다는 말을 들었습니다. 유치원에 다니는데 다른 아이들과 주고받는 상호작용의 언어 표현에 여러 가지 막혀있는 문제가 보인다는 것이었어요. 우리 아이가 평소에 말이 없었지만, 그렇게까지 큰 문제가 될 줄은 몰랐습니다. 치료받는 과정이 많이 복잡하고 비용도 많이 드는 데

다가 부모도 함께 참여하라고 하니 제가 직업상 시간을 내기도 어렵고 정말 난감합니다.

그런데 더욱 심각한 것은 우선 이 상황이 너무 갑작스럽고 당황스러워서 제 마음이 너무 답답하고 불안해진다는 사실입니다. 그래서 아이 문제도 크지만 저의 마음이 안정되도록 제가 먼저 도움을 받아야 할 필요성을 절실히 느낍니다.

아이에게 신경을 많이 쓰지 못해서 그런가 하는 생각에 죄책감도 많이 들고 양육을 맡긴 아주머니의 영향 때문이 아닌가 하는 여러 가지 복합적인 문제가 몰려오면서 눈앞의 현실에 의욕이 나지 않아 아무 일도 할 수 없는 형편입니다.

저도 의사지만 아이를 직접적으로 도와줄 수 있는 교육적 지식이 없다는 게 마음의 가장 큰 무거움이고, 문득문득 제 아이가 비정상일지도 모른다는 생각에 너무 슬퍼지면서 눈앞이 캄캄해지기도 합니다. 의사인 제가 상담을 받아야 할까를 고민하면서 많은 갈등이 있었지만, 아이 교육에 신경만 쓰고 있을 뿐 직접적인 도움을 주지 못하는 무능력이 제일 큰 압박으로 오는 고통이기에 상담을 결단하고 문을 두드립니다. 이런 상황에서 이 문제를 어떻게 대처하면 좋을까요?

"어머니의 지혜로 승리하실 때입니다…!"

샬롬! 환자를 돌보시는 의사로서 상담을 요청하시기까지 그 용기와 결단이 주 앞에 더욱 가까이 나아가는 은혜를 체험하는 소중한 기회가 되시기를 기도합니다. 또한 주님 사랑의 능력을 구하는 기도의 힘으로 눈앞을 가로막는 캄캄한 벽이 무너지고, 새롭게 열리는 소망을 바라보며 자녀를 주신 하나님께 더욱 감사함으로 나아가실 수 있기를 간구합니다.

우선 지금의 어머님께서 제일 먼저 구해야 할 기도의 제목은 소중한 자녀와 깊은 내면의 마음으로 교류할 수 있도록 지혜를 얻는 것입니다. 작은 마음의 움직임까지도 주고받는 섬세한 교제의 통로가 활짝 열리도록 간구하는 것입니다.

왜냐하면 자녀에게 나타난 유아기 언어소통능력의 비정상화는 성장과정의 여러 가지 상황에서 부모와 자녀 사이에 혹은 양육하는 대리모와의 관계에서 맺어지는 공감대 형성의 부족이 가장 큰 원인일 수 있으며, 또한 충분한 언어적 상호작용이 이루어지지 못했을 가능성도 크기 때문입니다.

언어개발이 일어날 때 유아는 보호자로부터 흥미롭게 반복되는 언어의 표현을 많이 듣고 따라하면서 듣기와 말하기의 언어가 유창해집니다. 또한 책을 보고 느낌을 표현하는 단계로 진행되면서 총체적 언어접근의 개발이 일어납니다. 그러한 과정에서 긴밀한 교제를 통한 언어상호작용이 충분한 경우와 부족되는 경우가 결정적인 영향을 주는 요인입니다.

그리고 여러 가지 감각활동을 통해 언어가 개발되는 시점을 관찰하면서 듣고 말하기와 보고 만지기, 듣고 움직이기 등의 협응감각 능력을 통한 언어개발로 발전한다는 점을 고려해주어야 합니다. 어린이가 관심을 나타내는 분야에서 인지능력과 사고능력, 언어표현능력이 원활하게 확장되도록 점진적으로 다양한 활동의 범위를 넓혀주어야 합니다. 긍정적인 강화를 위해 흥미를 가지는 주제의 언어활동에서 반복적 표현의 훈련이 일어나도록 도와준다면 즐거워할 것입니다.

또한 어린이와의 상호작용에서 가장 중요한 것은 자녀가 부모의 관심을 충분히 받고 있다고 스스로 느낄 수 있는 기회를 얻는 것입니다. 그리고 자녀와 부모가 함께 공감대를 형성함으로 마음의 교류가 원활해지는 체험을 유도해줍니다.

더욱이 어린이의 작은 반응에도 부모가 세심한 반응을 보여주면서 자녀에 대한 부모의 사랑을 충분히 노출시켜 줄 때 정말 기뻐합니다. 부모가 자녀에게 세심한 관심과 사랑을 준다는 신뢰를 얻고 욕구충족이 일어나도록 돕는 것입니다.

부모와 자녀 사이에 형성되는 교감으로 인한 욕구충족은 많은 시간을 요구하지 않습니다. 그러므로 자녀와 충분한 시간을 함께 하지 못함을 안타깝게 여기지 마시고, 허락되는 시간 동안 자녀에 대한 부모의 사랑과 마음을 전하시면 됩니다. "하나님께서 엄마에게 너를 아들로 주셔서 정말 감사해!" 혹은 "아들이 있어서 엄마는 제일 많이 행복해!"

그렇듯 자녀의 특별한 점에 대해 "엄마는 아들의 이런 점이 정말 사랑스러워!"라는 마음을 표현하고 "아들도 엄마가 좋아?"라고 질문해줍니다. 신뢰감을 형성하는 마음의 감동이 일어날 때 언어개발에 정말 유익한 접근이 일어납니다.

내게 큰 고통을 더하신 것은 내게 평안을 주려 하심이라 [사 38:17]

자녀의 성장과 양육을 통해 주님의 도우심을 충만히 얻으시고 자녀와 함께 늘 기쁨과 감사로 평안하시기를 간구합니다.

믿음의 길

믿음은 마음의 소원을 부르는 향기
가까이 다가서도 보이지 않지만
은밀히 나누는 기쁨 곧 믿음이리라

믿음은 마음을 녹이는 위로의 확신
다 내려놓고 십자가만 바라볼 때
흘러넘치는 회개 곧 평안이리라

행복은 오래 참고 기다리는 인내
진실한 마음으로 향하는 밝은 빛
감사로 맺히는 화평 곧 즐거움이리라

사랑을 부르면 달려오는 믿음
믿음을 외치면 나타나는 소망

새 생명으로 만난 우리
이제 하나 되는 축복으로
주님만 섬기는 아름다운 믿음의 길을 가리라

세 길
감·사·의·길

하나님이여

우리가
주께 감사하고 감사함은
주의 이름이 가까움이라

사람들이
주의 기사를 전파하나이다

[시 75:1]

주님의 아름다움을 닮아가는 지혜

주의 사랑은 세상의 그 무엇과도 비교할 수 없는 가장 고귀한 아름다움이며, 우리 마음에 밝은 빛을 비춰주는 지혜의 선물입니다. 그 사랑의 지혜는 영원히 살아있는 고귀한 생명이며, 세상의 그 무엇에 의해서도 변하지 않는 완전한 것으로 결코 상하지 않고 무너지지 않는 십자가 보혈입니다.

예수께서 제자들에게 이르시되 아무든지 나를 따라 오려거든
자기를 부인하고 자기 십자가를 지고 나를 좇을 것이니라 [마 16:24]

주님께서 하나님과 동등 됨을 취하지 않으시고 자신을 부인하시어 이 땅에 오신 것은 죄인 된 우리를 온전히 살리시고, 우리에게 영원히 아름다운 참 생명을 선물로 주시기 위함이었습니다. 그 은혜로 우리는 그리스도의 마음을 품어야 합니다.

아무 잘못이 없으셨던 주님은 우리를 살리시려 세상에 내려오셔서 제일 크고 무거운 고난의 십자가를 지셨으며, 하나님의 뜻을 다 이루시기까지 영원한 생명의 그 길을 열어주시려고 멸시와 천대를 모두 다 받으시고 감당하신 완전하신 분입니다.

죄인이었던 우리는 주님의 십자가, 그 사랑을 입어 이제 영원한 새 생명을 얻은 아름다운 자녀입니다. 지금 주님 앞에 드려야 할 마음은 오직 감사뿐으로 주가 이 땅에 오셨음을 감사하고, 고난의 십자가를 홀로 지신 것을 감사하며, 또한 그 길을 따르게 하신 은혜에 감사하는 자가 되어야 합니다.

**예수께서 이르시되 여우도 굴이 있고 공중의 새도 거처가 있으되
오직 인자는 머리 둘 곳이 없다 하시더라** [마 8:20]

주님이 이 땅에서 머리 둘 곳 없이 외롭고 힘들게 지내신 것은 아버지의 뜻을 이루기 위해 하실 일이 너무나 많았기 때문입니다. 늘 깨어서 홀로 기도하신 주님의 삶을 돌아보는 은혜는 모든 일을 통해 오직 감사로 나아가게 합니다.

그런데 주님의 그 길을 따라가는 우리 마음에는 왜 충만한 감사가 채워지지 않을까요? 주님께서 고난의 십자가를 홀로 지셨으므로 우리는 따라갈 뿐인데 왜 감사가 부족할까요?

그 까닭은 예수님이 가신 그 길을 우리가 온전히 바라보지 못하는 것과 우리를 위해 십자가에 못 박히신 그리스도 마음의 깊은 사랑을 전부 다 알지 못하여 진정한 감사를 깨닫지 못하고 살아왔기 때문입니다.

만일 주님이 걸어가신 십자가의 그 길을 우리가 온전히 따라가려고 한다면 주님께서 다 이루시고 먼저 가신 그 사랑의 마음을 깨닫는 감동이 너무나 크게 다가올 것입니다.

그리고 우리를 위해 그 모진 고난을 다 감당하시고 십자가의 공로를 이루어주셨음에 대한 감사를 드리기 위해 엎드려 무릎 꿇고 회개하는 마음을 주체할 수 없을 것입니다.

**내가 그리스도와 함께 십자가에 못 박혔나니
그런즉 이제는 내가 산 것이 아니요
오직 내 안에 그리스도께서 사신 것이라** [갈 2:20]

그렇듯 주님의 아름다운 충성은 아버지의 뜻 앞에 모든 것을 다 이루시기까지 삶의 전부를 드리신 것이며, 곧 우리를 위해 모두 다 아낌없이 내어주신 사랑이었고, 아버지의 뜻 앞에 오직 순종으로 헌신하신 수고였습니다.

이제 우리가 주의 길을 가는 것은 내 안에 주인이 내가 아니며, 오직 하나님을 주인으로 모시고 살아가는 것이므로, 주를 모시고 살아가는 감사로 영적인 무장을 하는 것입니다.

그래서 매순간 다가오는 일마다 우리 마음 안에 주인이신 아버지의 주관하심을 따르기 위해 그 뜻을 바라보고 순종하면서 사랑과 은혜에 감사하는 마음으로 살아가야 합니다.

그러한 주님의 은혜로 살아갈 때 진정한 감사의 길을 걸어가는 것입니다. 그 길을 가는 동안 우리는 하나님 뜻을 이루시기 위해 오직 순종으로 살아가신 예수님의 충성을 배우면서 주님의 마음을 닮아가게 됩니다.

하지만 세상은 우리의 감사를 빼앗아가려고 현실의 문제로 심각하게 다가오고 또한 사람들과의 관계에서 고통과 괴로움을 당하면서 힘들어지게 합니다. 그에 따라 우리는 모든 것을 이기기 위한 지혜를 얻도록 감사의 마음을 충만하게 채워야 합니다.

이제 내가 육체 가운데 사는 것은
나를 사랑하사 나를 위하여 자기 몸을 버리신
하나님의 아들을 믿는 믿음 안에서 사는 것이라 [갈 2:20]

주님의 고난에 동참하는 마음을 결단한다면 현실의 문제나 사람들과의 어려움을 겪는 일이 주님의 고난에 비해 아주 작은 것이라는 깨달음을 얻을 수 있습니다. 또한 받은 은혜가 너무 커서 고난이나 문제로 인한 어려움을 감당하고자 하는 감사의 마음으로 무장할 수도 있습니다.

그렇듯 하나님 백성은 세상의 어떤 문제에도 흔들리지 않아야 하고 실망하지 않으며, 고통당하지 않도록 충만한 주님의 지혜와 평안으로 십자가 보혈의 능력을 의지해야 합니다.

여호와는 나의 빛이요 나의 구원이시니 내가 누구를 두려워하리요
여호와는 내 생명의 능력이시니 내가 누구를 무서워하리요 [시 27:1]

주님을 향한 진정한 감사는 어떤 경우에도 기쁨을 빼앗기지 않고 믿음을 지키도록 말씀을 의지하는 것입니다. 감사로 충만히 채워진 믿음의 생활 가운데 말씀의 능력을 구할 때 세상을 이기는 소중한 지혜를 얻을 수 있기 때문입니다.

나를 보내신 이가 나와 함께하시도다 나는 항상 그가 기뻐하시는 일을
행하므로 나를 혼자 두지 아니하셨느니라 [요 8:29]

오직 하늘에서 내려오는 지혜로만 구별된 삶을 살아가는 자는 주를 믿음으로 항상 기도하는 생활의 기쁨과 감사를 빼앗기지 않습니다. 모든 일을 통해 먼저 감사로 나아가 기도함으로 성령께서 이끄시는 새 힘으로 살아가는 자입니다.

우리 안에 계신 주님의 능력을 의지함으로 매일의 삶에서 기쁨을 누리는 자에게 하나님은 감사의 열쇠를 주십니다. 승리하는 삶으로 나아가는 그 기쁨과 감사의 열쇠가 바로 예수 그리스도의 선물 안에 들어있는 힐링입니다.

"외로움에서 벗어나게 해 주세요!"

저는 20대 후반의 독신남입니다. 어릴 때부터 저는 항상 혼자였고, 지금도 거의 혼자 살아갑니다. 저는 주변의 모든 사람들이 저를 싫어한다는 피해의식에 눌려 살아왔습니다.

항상 혼자였던 외로운 생활이 큰 고통이었고 싫었지만, 사람들이 저를 이상하게 본다는 느낌이 더 힘들어서 늘 피하려고 혼자 있었고, 친구들과의 접촉도 거의 없이 외롭게 살았는데 그 시간이 너무나 길었던 것입니다. 특별히 잘하는 건 없지만 그렇다고 부족한 것도 아닌데 왜 사람들은 저를 싫어하고, 가족들마저도 멀어져야 했는지 잘 모르겠습니다.

하지만 저의 깊은 마음에는 아무도 모르는 비밀의 소원이 있습니다. 그것은 지금의 이 모습 그대로 저를 받아주고 함께해주는 사람을 찾아서 깊이 만나고 싶은 것입니다. 이제 나이 30을 바라보면서 배우자를 만나서 결혼도 하고 싶고 아이도 낳아서 아빠라는 말도 듣고 싶은 소원이 있습니다.

그런데 과연 이렇게 세상과 동떨어져 있는 저 같은 사람과 결혼해 줄 상대가 있을까요? 그리고 지금까지 거의 혼자 고집스럽게 살면서 굳어져버린 저만의 독특한 생활 습관들이 다른 사람과 함께 호흡을 맞추면서 살아가도록 정리될 수 있을까 하는 의문이 또 저를 많이 힘들게 하고 있습니다.

어린 시절부터 하나님을 믿었지만 교회에서도 늘 혼자이다 보니 꾸준한 신앙생활을 못하는 상태로 여러 교회를 돌아다니다가 결국 교회를 정하지 못하고 살아가는 상태입니다.

그런데 이젠 하나님의 도움을 받고 싶습니다. 외로움에서 벗어날 수 있도록 매달려서 기도하고 싶습니다. 그렇지만 저는 기도를 잘 못하는데 어떻게 하나님의 도움을 받을 수 있을까 하는 의문이 또 저를 혼자 있도록 가둘 것 같아서 상담을 결단했습니다. 제가 이제 보통 사람들처럼 결혼도 하고, 교회에도 열심히 다니며 행복하게 살도록 노력할 수 있는 길을 알려 주세요. 새로운 사람으로 변화되고 싶습니다.

"주님이 함께하시니 용기를 얻으세요…!"

샬롬…!

그 동안 홀로 고독하게 지내온 외로운 형제님의 마음에 누군가를 사랑하고픈 소망이 찾아온 것은 정말 귀한 선물입니다. 왜냐하면 우리가 살아가는 동안 가장 소중히 지켜져야 하는 정결한 마음이 바로 사랑이기 때문입니다.

우리는 사랑 받기 위해 태어난 너무나 고귀한 존재입니다. 예수님이 우리를 살리시려 희생의 제물이 되어주신 것은 그 만큼 우리가 소중했기 때문입니다. 우리를 너무나 사랑하셔서 모든 고통과 고난을 대신 다 감당해주셨던 것입니다.

새 계명을 너희에게 주노니 서로 사랑하라
내가 너희를 사랑한 것같이 너희도 서로 사랑하라 [요13:34]

이제 형제님의 마음속에 십자가의 그 놀라운 사랑을 담기 원합니다. 그래서 외롭게 지낸 시간들은 주님께 더욱 가까이 가기 위해 필요했던 시간이라고 믿으세요. 그리고 모든 것을 주님과 함께 누릴 수 있다는 소망으로 감사하는 마음과 기쁨을 찾으세요. 이제 사랑하는 마음을 주셨으니 사랑을 나눌 상대도 만나게 하실 뜻을 바라보고 기도를 시작할 때입니다.

만일 형제님 마음속에 외로움이 없었다면 누군가를 찾으려는 마음보다 계속 혼자 살아가려는 마음이 더 깊이 자리잡았을 것입니다. 결국 외로움이 형제님에게 귀한 상대를 찾도록 밀어주는 사랑의 힘이 되었음을 깨닫고 이제부터 형제님은 외로움의 고통을 버리고 감사로 나아갈 때입니다.

사랑은 혼자가 아닌, 누군가와 함께 만나는 소중한 연합입니다. 그런데 혼자 살아가는 삶과 함께 살아가는 삶은 모든 면에서 너무 많이 다른 것입니다. 때로는 불편함과 어려움도 있지만, 주님 사랑 안에서 함께 살아가는 관계로 만나 시작된다면 오직 소망을 바라보는 감사의 길을 찾아갈 것입니다.

이제 형제님을 위해 십자가에 돌아가신 주님을 바라보면서 그 사랑을 알게 하심과 그 은혜를 주심에 감사하면서 예수님의 사랑을 배우기 위해 십자가로 달려갈 때입니다.

첫째, 사랑으로 용서하신 주님의 마음을 닮아갑니다.

용서하는 마음은 곧 갇힌 마음을 여는 것이며, 혼자 외롭고 힘들었던 자신을 자유롭게 풀어주는 것입니다. 만일 주님의 용서를 모르고 갇혀 있다면 혼자 지냈던 외로운 시간의 모든 체험과 습관이 사랑을 나누지 못하도록 방해할 수 있습니다.

그러므로 누군가와 함께 하기 위한 준비의 기도는 우리를 용서하고 받아주신 주님의 사랑 안에 흠뻑 빠지는 기쁨으로 감사를 체험하는 것입니다. 그 체험은 곧 사랑하는 상대를 용납하고 받아들이기 위한 마음의 문을 활짝 열어줍니다.

> **지혜를 버리지 말라 그가 너를 보호하리라**
> **그를 사랑하라 그가 너를 지키리라** [잠 4:6]

그런데 갇힌 마음의 문을 열지 못하면 결국 주변에 누군가가 있어도 외로움을 해결하지 못한 채 혼자 남을 것입니다. 그러므로 우리를 받아주신 주님의 사랑에 대한 은혜로 마음 문을 활짝 열고 상대를 받아들이도록 감사의 문으로 들어가야 합니다.

둘째, 믿음으로 베푸시는 주님의 마음을 닮아갑니다.

주님의 마음을 알지 못하면 자신의 입장에서만 바라보고 접근하므로 상대를 잘 이해하고 받아줄 수가 없게 됩니다.

사랑의 주님은 늘 가장 가까이에서 한결 같은 사랑으로 형제님을 바라보시며 몸이 아플 때 치료하시고 외로울 때 위로하시며 어려운 일 당할 때도 따뜻하게 감싸주신 가장 진실하신 친구이십니다. 형제님을 그 누구보다 더욱 사랑하시고 늘 곁에서 모든 것을 함께 해 주시는 온유하신 분입니다.

높음이나 깊음이나 다른 아무 피조물이라도
우리를 우리 주 그리스도 예수 안에 있는 하나님의 사랑에서
끊을 수 없으리라 [롬 8:39]

주님은 자신의 입장, 즉 하나님과 동등 되는 권한을 모두 버리시고 낮은 곳에서 섬겨주시며 믿음의 친구가 되셨습니다. 가장 낮은 곳에 내려가신 주님의 마음을 닮아가야 합니다.

셋째, 하나님과 연합하는 주님의 마음을 닮아갑니다.

소망은 하나님의 길을 찾도록 예비해주신 열쇠입니다. 우리가 하나님과 연합할 수 있도록 주님께서 십자가를 지셨으므로 진정한 감사로 나아가 연합하는 마음을 찾아야 합니다.

내 맘이 아플 적에 큰 위로되시며
나 외로울 때 좋은 친구라
주는 저 산 밑에 백합 빛나는 새벽별
이 땅 위에 비길 것이 없도다

이제 하나님의 사랑을 듬뿍 받은 은혜로 다른 사람을 사랑할 수 있다는 힘을 얻으세요. 진실한 친구이신 주의 손을 꼭 잡고 어둠과 외로움이 기쁨의 밝은 빛으로 변하도록 오직 주님과 함께 가는 축복 속에 감사의 길을 걸어갈 때입니다.

또한 주님께서 예비하신 배우자를 만나도록 소망을 주심에 먼저 감사하고, 만나게 하시는 모든 사람들 마음에도 하나님의 따뜻한 사랑이 흐르고 있다는 믿음으로 가까이 다가가실 수 있기를 바랍니다. 그렇게 함께 교제할 때 주님의 마음을 체험하실 것입니다. 교제하는 동안 큰 도움을 얻을 수 있기를 기도하세요.

따뜻한 주님의 위로 가운데 하나님의 은혜를 나누는 진실한 친구를 만나고 또한 배우자도 만나서 매일매일 새로운 삶을 향해 달려가는 감사의 생활로 승리하시기를 간구합니다.

너희는 내게
배우고 받고 듣고 본 바를 행하라
그리하면 평강의 하나님이
너희와 함께 계시리라 [빌 4:9]

감사의 길

감사하는 마음을 가득 담으면
평화를 부르는 기쁨입니다

감사하는 마음을 자꾸 전하면
즐거움이 넘치는 행복입니다

감사하는 마음이 솟아오르면
힘든 마음 씻기는 용서입니다

감사하는 마음을 함께 나누면
잡아주고 밀어주는 연합입니다

감사하는 마음을 오래 지키면
무거운 짐 내려놓는 지혜입니다

감사하는 마음으로 하나가 되면
평안이 흐르는 샘물입니다

사랑으로 가득한 주님 마음을 소망하면서
하늘 문을 향해 그 마음을 높이 띄우면
평화의 나라가 열리는 감사의 길입니다

네 길
회·개·의·길

죄인 하나가 회개하면

하늘에서는
회개할 것 없는 의인 아흔 아홉을 인하여
기뻐하는 것보다

더하리라

[누가복음 15:7]

하나님 마음은 자녀를 향한 지극하신 사랑과 무한히 내려오는 십자가 보혈의 은혜 가운데 들어 있습니다. 그 보혈의 은혜는 주님의 빛으로 피어난 새 생명의 능력으로 능치 못함이 없는 능력이며, 언제 어디에서나 자녀를 보호하심으로 바른 길로 인도하시는 예수의 향기입니다.

십자가의 도가 멸망하는 자들에게는 미련한 것이요
구원을 얻는 우리에게는 하나님의 능력이라 [고전 1:18]

하나님은 자녀들의 잃어버린 첫사랑이 회복되기를 진실로 바라시며 애타게 기다리십니다. 십자가 구원을 통해 열린 회개의 길로 다시 돌아오는 한 영혼을 그토록 귀하게 맞이하시는 분이시니, 아버지 앞에 진정한 회개의 마음으로 나아갈 때입니다.

자녀는 눈앞에 닥친 문제를 해결하려고 힘든 마음으로 바라보지만, 아버지는 그 일을 통해 자녀에게 더 가까이 다가오시는 분입니다. 자녀의 삶이 늘 평안하도록 보호하시려고 동행하시며 사랑의 마음으로 품어주시고 돌보아주십니다.

언제나 힘든 일 가운데 늘 함께 하시는 아버지의 마음을 바라보고 그 사랑을 헤아려야 합니다. 눈앞의 어려운 문제를 내려놓고, 문제를 통해 다가오시는 아버지 마음을 깨닫는 진정한 은혜로 주님의 사랑을 가득 채울 수 있기 때문입니다.

"아버지의 집에서 편히 살아가던 아들이 어느 날 집을 멀리 떠났습니다. 그 후 세상 쾌락에 빠져서 심한 고생을 합니다. 아들을 기다리는 아버지 마음은 온통 안타까움으로 가득합니다. 어느 날 다시 돌아온 아들을 맞이하는 아버지 마음은 오직 반가움과 사랑으로만 가득합니다. 이에 아버지로부터 놀라운 사랑을 깨달은 아들은 따뜻한 위로를 받고 아버지의 용서를 깊이 깨닫습니다. 이제 아들은 아버지를 향한 감사와 은혜를 어떻게 회개해야 할까요?"

아들을 향한 아버지 마음은 오직 사랑이며 용서입니다. 아들이 아버지의 그 진실한 사랑을 깨닫지 못했음을 돌이킨다면 진정한 회개입니다. 십자가 앞에 나아가 오직 아버지 마음을 알도록 간구할 때 현실의 문제는 낮아지고 성령의 이끄심을 통한 은혜가 크게 나타납니다. 아들의 모든 생각과 마음을 아버지 시각으로 바꾼다면 진정한 회개의 길입니다.

**너희가 회개하고 돌이켜 너희 죄 없이 함을 받으라 이같이 하면
유쾌하게 되는 날이 주 앞으로부터 이를 것이요** [행 3:19]

"집으로 돌아온 후에 아버지의 진정한 사랑을 체험한 아들은 다시 만난 아버지를 통해 자신이 진정 소중한 존재라는 것을 깨닫습니다. 또한 자신의 모든 잘못을 용서하신 아버지의 긍휼하신 사랑에 큰 감동을 얻습니다. 이제 다시는 집을 떠나지 않겠다는 결단으로 마음을 회복합니다. 아들의 마음은 온통 감사와 새로움으로 가득하고, 자신의 뜻대로 살았던 지난날의 헛된 시간을 돌이키는 회개를 통해, 오직 아버지의 뜻을 따라 살아가기를 소망하는 자가 됩니다."

아버지의 진실한 사랑을 깨닫고 오직 아버지 마음으로 살아가기를 소

망한다면 진정한 회개의 길입니다. 우리가 죄인이었기에 주님은 십자가를 지셨고, 그 보혈의 능력으로 우리는 다시 주의 자녀가 되었습니다. 회개의 길은 죄의 길에서 성령을 따라 살아가는 의의 길로 바꾸는 것이며, 주님이 가신 길을 따라가도록 자신이 가던 길을 돌이키는 것입니다.

모든 죄에서 우리가 자유를 얻도록 주님께서 십자가에서 이루신 보혈의 공로는 온 세상을 다 준다 해도 절대 바꿀 수 없는 가장 소중한 생명의 열쇠임을 깊이 깨달아야 합니다.

우리는 언제나 새것을 만나면 좋아합니다. 흠이 없고 깨끗한 것을 가질 때 마음에 기쁨이 넘치고, 이전에 있던 것보다 새로운 것에 더 만족하는 마음으로 이끌리게 됩니다.

하지만 하나님은 새것을 찾지 않으셨습니다. 죄로 흠이 많고 더러워진 우리를 찾아오셨습니다. 그토록 오래되고 낡아서 흠이 많고 죄로 더러워져 헌 것이 되었지만 주님은 그런 우리를 택하시기 위해 십자가를 지신 것입니다. 이제 우리가 그 십자가 사랑으로 정결함을 입고 새것이 되었으니 우리에게 일어난 구원의 역사는 얼마나 놀라운 기적일까요?

회개의 길은 우리의 몸과 영혼이 헌것에서 새것으로 바뀌는 기적이 일어난 것입니다. 십자가에서 흘리신 보혈의 능력으로 완전한 사랑을 새로 입고 복음 안에서 다시 태어난 것입니다.

사랑하는 자들아 이 약속을 가진 우리가
하나님을 두려워하는 가운데서 거룩함을 온전히 이루어
육과 영의 온갖 더러운 것에서 자신을 깨끗케 하자 [고후 7:1]

주님의 빛으로 피어난 새 생명은 주님 앞에 회개함으로 지금까지의 모든 것을 다 내려놓고 하나님이 처음 부르신 자녀로 다시 돌이켜서 회개의 길을 가는 것입니다. 세상이 알 수 없고, 볼 수 없고, 줄 수 없는 하늘에 속한 자로 세상과 완전히 구별된 새로운 주님의 자녀로 살아가는 거룩한 존재입니다.

> 그리스도께서 우리로 자유케 하려고 자유를 주셨으니
> 그러므로 굳세게 서서
> 다시는 종의 멍에를 메지 말라 [갈 5:1]

예수 보혈의 능력으로 새 생명을 얻었음은 다시는 더러워지지 않는 온전한 주님의 것이 된 것이며, 세상의 죄를 이기고 다스리면서 하늘의 능력과 권세로 살아가는 축복입니다.

그동안 죄에 시달려 누리지 못했던 아버지의 사랑을 다시 회복하여 그 품에 안기고, 아버지가 하시는 일을 그대로 따르면서 날마다 동행하는 평온한 삶을 회복하는 길입니다.

회개의 길은 모든 것을 돌이켜서 바꾸는 것입니다. 내 계획을 버림으로 아버지의 계획을 따르고, 내 생각을 내려놓음으로 아버지의 생각을 붙들며, 내 방법을 버리고 아버지의 방법을 따라가도록 놀라운 지혜를 얻고 깨어나는 길입니다.

회개하고 돌이켜 죄에서 자유를 얻은 자가 되는 것은 예수 십자가에 흘린 피로 주님과 온전히 하나가 되는 축복입니다.

회개의 길을 통해 하나님과의 관계가 다시 회복되고 십자가를 지신 주님과 하나로 연합이 일어나는 것입니다. 회개의 길을 따라 살아갈 때 하나님 집에 거하는 즐거움으로, 세상이 줄 수 없는 하늘의 풍성한 은혜를 얻고 매일 기쁘게 살아가는 놀라운 축복의 길로 달려갑니다.

"회개의 길에서 만난 사명의 은혜"

언제쯤이었을까? 아마 대학부에서 성가대와 교회학교 교사로 열심히 봉사하던 그때가 아니었을까? 교회에 들어설 때면 항상 뜰 앞에 서서 반갑게 맞아주셨던 은혜로운 사모님의 따뜻한 모습이 지금도 눈앞에 생생하게 떠오른다.

늘 환하게 미소 지으셨던 사모님의 얼굴은 보통 사람들과 항상 다른 얼굴이었다. 사계절을 따라 매일매일 변해가는 시간 속에서도 언제나 포근한 미소와 친절한 목소리로 배려하시는 분이셨고, 세월이 흘러도 한결같은 모습으로 변함이 없으셨던 그 시간 속에서 나의 마음은 항상 다짐하고 있었다.

"사모님은 이 세상에서 가장 불쌍하신 분이셔!" 그리고 누가 권하는 것도 아니었는데 스스로 다짐하게 되는 것은 바로~ "나는 이 다음에 절대로 사모님이 되지는 말아야지…!"

왜냐하면 교회생활을 바라볼 때 좋은 일도 많았지만 어려운 일도 많았고, 때로는 성도들끼리 서로 부딪치면서 힘든 일이 일어나는 광경을 가끔씩 볼 수 있었기 때문이다. 그런데 그런 상황에서도 사모님은 늘 모든 것을 다 참으시는 분이셨고, 항상 밝은 얼굴로 모든 성도들을 똑같이 감싸주고 위로하는 자리에서 애쓰셨던 분이셨다. 교회에 갈 때마다 항상 사모님을 가까이에서 지켜보면서 사모님은 정말 특별한 분이셨지만, 난 사모님이 될 수는 없을 거라는 생각이 컸다.

그런데 그 마음이 친한 친구의 부모님이신 목사님 가정으로 이어지게 된 것은 내가 다니던 교회의 목사님 자녀 중 하나가 교사와 성가대로 함께 했던 대학 친구였기 때문이다.

언젠가 중간고사 시험 기간이었을 때 주일 예배와 봉사를 모두 마치고 집으로 돌아가려하자, 친구가 말했다. "오늘은 여기서 함께 공부하면 어떨까?" 나는 공부할 책이 없었는데도 거절을 못하고 친구를 따라 조용히 사택으로 들어갔다.

방에 들어가자 친구는 "우리 촛불 앞에서 대화 나눌까?"라고 말하더니 초에 불을 붙이고는 바로 눈물을 줄줄 흘리면서 마음을 쏟아내기 시작했다. "나는 시험기간에도 내 방이 없어! 너는 상상하지도 못했을 거야." 그러면서 설명하기를 성도님들이 찾아오시면 이 방 저 방으로 들어가시는데 방이 모자랄 때는 시험공부를 하던 중이더라도 일어나서 내어드려야 하는 자신의 입장이 정말 서럽고 서글프다는 것이었다.

그런 일은 전혀 상상하지 못했는데 정말 가슴이 아팠다. 교회에 나오는 모든 성도들이 가장 좋아하고 정성으로 섬기는 목회자의 가정에 이렇게 힘든 고통이 있을 줄…! 더구나 그 친구는 누구나 부러워할 만큼 모습도 예뻤고 공부도 잘하는 목사님 딸이었기 때문에, 같은 교회에서 친하게 지내면서 함께 신앙생활을 하고 있었던 나조차도 몰랐던 사실이었다.

그러한 아픔을 지닌 목회자 가정의 속사정까지 알게 된 나는 목사님의 사모님을 향하여 "남편을 따라 힘든 고생으로 많이 인내하시는 분!"이라는 마음을 더 깊이 새기게 되었다. 그리고 그 시간으로부터 얼마나 많은 세월이 흘러갔을까?

어느새 나는 경기도에서 10학급의 몬테소리유치원을 운영하는 원장이 되었고, 교회에서 만난 동생이 원감으로 함께 연합하면서, 거의 10년을 유치원 교육에 전념했다. 그 동생이 항상 입버릇처럼 했던 말~ "원장님! 난 이렇게 고급 교육에 몸담고 있을 때가 아니고, 정말 힘들고 어려운 아이들을 데리고 살면서 주님의 삶을 살아야 해요!"

그때는 그 말 속에 들어있는 동생의 진정한 사명을 알지 못한 채로 난 다음과 같이 말했다. "지금 여기서 이렇게 열심히 교육으로 하나님께 영광 돌리는 삶도 주님이 기뻐하실 거야!" 그도 그럴 것이 그 유치원은 입학을 원하는 학부형들이 원아모집 전날 밤부터 줄을 섰고 모집 첫날 오전이면 거의 마감이 될 정도로 신뢰를 받는 사랑의 교육장이었다.

그렇게 10년이 흐른 후 어느 날 하나님은 유치원을 다른 원장에게 넘겨야 하는 믿기 어려운 상황으로 이끄셨다. 그러자 동생인 원감은 강원도 어느 곳으로 내려가 입버릇처럼 말하던 공부방을 열고 사역을 감당하는 사명의 길을 떠났다.

유치원 원장을 내려놓고 원감으로 함께했던 동생마저 떠나간 아무도 없는 상황에 남았을 때, 하나님은 나에게 선교교회에서 사명자 훈련과 함께 주의 일꾼이 되는 길을 시작하게 하셨는데 그 길이 드디어 사명으로 가는 첫 출발이었다.

말씀훈련과 기도훈련, 선교봉사로 계속되는 고된 훈련 속에서 원감이 늘 말하던 사명이 무엇인지를 깨닫게 되었다.

하나님 아버지 앞에서 정결하고 더러움이 없는 경건은
곧 고아와 과부를 그 환난 중에 돌아보고
또 자기를 지켜 세속에 물들지 아니하는 이것이니라 [약 1:27]

그 사명의 길은 동생의 것만이 아니었고 곧 나의 사명이었음을 모르고 살았던 시간들을 깊이깊이 회개하면서 원감을 통해 깨닫게 해 주신 주님의 뜻 앞에 진정한 감사를 드리게 되었다. 그 귀한 깨달음으로 대학 동창의 어머님이셨던 교회 사모님은 "세상에서 가장 불쌍하신 분"이 아니었다. 목회의 길을 함께 가면서 화려한 빛과 외로운 빛을 동시에 받으며 주의 길을 가시는 "가장 소중한 사모님의 자리"였던 것이다.

사명의 길이란 정말 특별한 것이었다. 곁에서 바라보는 사모님의 길은 불쌍할 만큼 고통 받는 사명의 길로 보였는데, 자신에게 주어진 사명이란 그 어떤 것도 두려움 없이 감당할 수 있을 만큼 선명하게 다가오는 기쁨의 확신이 아닐까?

목회의 길을 함께 가는 사모로서 사역을 감당하는 것은 진정한 연합으로 주님 앞에 다가가는 소중한 사명이었다. 목회자에게 사모님의 도움은 가장 힘이 되는 동역자였던 것이다.

만일 목회의 사명을 남편에게 맡겨진 것으로만 여기고 단순히 돕고자 하는 사모의 자리에 서게 된다면, 스스로에게도 힘든 고통이며 외로운 길이지만, 목회자인 남편에게도 더할 수 없이 무거운 짐이 되는 안타까운 길이기 때문이다.

지금 이 순간을 통해 세상의 모든 사모님들을 바라보며 간절히 부르짖는 소망이 있다. 목회자와 온전한 연합을 이루어 사역의 모든 문제를 기쁨으로 이겨내고 승리하기까지 항상 십자가 은혜로 감당하며 충성할 수 있기를 바라는 간구이다.

하나님의 역사는 정말 놀랍게 일어난다. 대학시절 사모님을 불쌍하게 바라보았던 심약한 마음을 완전히 돌이키는 회개로, 결국 세상을 뒤로 하고 주님만 따라가는 목회의 사명을 돕는 사모로서 담대히 나아가도록 인도해주셨기 때문이다.

죄인 하나가 회개하면 하늘에서는 회개할 것 없는 의인
아흔 아홉을 인하여 기뻐하는 것보다 더하리라 [눅 15:7]

회개의 길

하늘의 축복을 얻기 위해
회개했나요

죄의 마음을 깨닫는 은혜를 위해
회개를 간구하세요

고난의 길을 따르기 위해
회개했나요

주님 마음을 품어 닮아가는 기쁨을 얻도록
회개를 간구하세요

십자가의 공로를 감사하기 위해
회개했나요

세상의 마음을 모두 버리고 정결해지기 위해
회개를 간구하세요

하늘에서 내려오는 회개의 선물은
이 땅에 있는 모든 것을 다스리게 하는
놀라운 믿음의 선물입니다

다 섯 길
순·종·의·길

한 사람의 순종치 아니함으로

많은 사람이

죄인 된 것 같이

한 사람의 순종하심으로

많은 사람이

의인이 되리라

[롬 5:19]

손잡고 따라가는 믿음의 은혜

순종의 길은 아름다운 믿음으로 만나는 은혜의 길입니다. 아버지의 뜻을 따라 십자가에서 완전한 사랑을 이루신 예수님의 손을 꼭 잡고 날마다 기쁨을 얻는 의의 길입니다.

우리를 위해 예비하신 십자가의 그 사랑을 다 알지 못해도, 주님이 가신 그 길을 바라보며 십자가 앞에 순종하는 마음의 결단은 아름다운 주님의 은혜로 늘 깨어나게 합니다.

너희 자신을 종으로 드려 누구에게 순종하든지
그 순종함을 받는 자의 종이 되는 줄을 너희가 알지 못하느냐
혹은 죄의 종으로 사망에 이르고
혹은 순종의 종으로 의에 이르느니라 [롬 6:16]

순종은 우리의 연약함을 도우시는 성령을 따르는 은혜입니다. 우리가 알 수 없는 것을 아시고, 볼 수 없는 것을 보시며, 할 수 없는 것을 하시는 주님의 그 길을 따라 세상의 죄악을 이기고 승리하는 길을 향해 나아감을 얻는 은혜입니다.

주님께서 십자가를 지신 것은 보혈의 능력으로 우리를 죄에서 살리시고, 그 능력 안에 살게 하시려는 아버지 사랑입니다. 그 사랑이 바로 세상을 이기는 예수님 순종의 지혜입니다.

우리는 무슨 일을 만나든지 십자가 앞에 나아가 주님의 뜻을 찾고 따르도록 순종의 지혜를 간구해야 합니다. 삶의 문제를 주님께 온전히 맡겨드리고 이끄심대로 따를 때 은혜로 내려오는 순종의 지혜로 하늘의 평안을 누릴 수 있기 때문입니다.

하나님의 사랑은 질서입니다. 그래서 우리가 사랑 안에 거할 수 있도록 계명을 주시고 지키라고 하셨습니다. 만일 질서가 무너진다면 그 모든 것이 흔들리고 다툼이 일어나며, 분쟁이 끊어지지 않을 것이기 때문입니다. 따라서 순종은 곧 질서가 세워지는 것이며, 하나님 안에서 누리는 평강입니다.

하나님을 사랑하는 것은 이것이니
우리가 그의 계명들을 지키는 것이라 [요일 5:3]

하나님 사랑 안에서 행복한 가정을 이루고 평화롭게 살아가기 위해 부부가 지켜야 할 말씀은 아내가 남편의 뜻에 순종하고, 그리고 남편이 그리스도의 뜻에 순종하는 것입니다.

남편이 아내의 머리 됨이 그리스도께서 교회의 머리 됨과 같음이니
그가 친히 몸의 구주시니라 [엡 5:23]

또한 남편이 아내를 진정으로 사랑하고 의무를 다하며, 아내도 항상 남편을 존중하고 정성으로 모든 일을 돕는다면 부부의 사랑은 한 몸을 이루는 순종의 연합이 이루어지므로 가장 큰 행복입니다.

주님은 눈에 보이지 않지만 우리 곁에 늘 계시는 분이며, 우리가 모일 때 함께 하셔서 모든 일을 주관해주시는 분입니다. 항상 좋은 길을 인도하시려고 말씀으로 오시는 분이며 주의 뜻과 깨달음 앞에 순종으로 따르도록 은혜를 주십니다.

두세 사람이 내 이름으로 모인 곳에는 나도 그들 중에 있느니라

[마 18:20]

주님은 우리에게 순종으로 평안을 지키라고 말씀하십니다. 순종은 주님의 뜻을 온전히 따르는 마음이며, 우리 앞에 보이는 현실의 문제를 주님 앞에 모두 맡겨드림으로, 근심과 걱정을 하지 않도록 십자가 앞에 다 내려놓는 결단입니다.

모든 겸손과 온유로 하고 오래 참음으로 사랑 가운데서 서로 용납하고
평안의 매는 줄로 성령의 하나 되게 하신 것을 힘써 지키라 [엡 4:2-3]

우리가 때로 순종하지 못해 힘들어진다면 현실의 문제를 자신의 무거운 짐으로 지고 있음을 깨달아야 합니다. 주님의 가벼운 멍에와 바꾸라고 하신 말씀에 순종하기 위해 삶의 전부를 맡겨드리고 기도한다면 평안을 누리는 열쇠를 얻습니다.

네가 네 하나님 여호와의 말씀을 삼가 듣고 내가 오늘날 네게 명하는
그 모든 명령을 지켜 행하면 네 하나님 여호와께서
너를 세계 모든 민족 위에 뛰어나게 하실 것이라 [신 28:1]

순종은 자기를 부인하고 따라가는 믿음입니다. 곧 믿음으로 온전히 맡겨드리는 인내입니다. 주의 말씀을 듣고 따르도록 불순종의 자아를 버려야 합니다. 인간의 생각과 마음은 불순종을 부릅니다. 그러므로 모든 생각과 마음을 비우기 위해 오직 주님 뜻을 찾고, 주시는 상황에서의 말씀에 순종으로 나아가는 평안을 얻는다면 주님을 따라가는 것입니다.

결국 주님 뜻에 온전한 순종으로 나아갈 때 모두에게 뛰어나게 하실 주님의 놀라운 사람으로 아름답게 세워주십니다.

**수고하고 무거운 짐 진 자들아
다 내게로 오라 내가 너희를 쉬게 하리라** [마 11:28]

십자가를 믿는 것은 세상의 죄악을 이기는 것이며, 세상이 두려워하는 놀라운 주님 나라에 거하는 축복을 얻는 것입니다. 날마다 보혈의 능력을 의지하므로 주신 사랑 안에서 기뻐하는 삶으로 나아가는 것입니다.

우리는 순종하는 기쁨으로 십자가를 지고 주님을 따라가야 합니다. 주님을 따르는 의로운 백성으로 삼아주셨으니 성령을 따라 모든 화평을 누리는 순종의 길로 나아갈 때입니다.

우리가 믿음으로 의롭다 하심을 얻었은즉 우리 주 예수 그리스도로 말미암아 하나님으로 더불어 화평을 누리자 [롬 5:1]

"어찌할까요…?"

저는 지금 하나님 앞에서 어떻게 하는 게 좋을지 답을 찾지 못해 헤매고 있습니다. 정말 어떻게 하면 좋을까요?

마음이 너무 무겁고 힘든데 회개하려고 해도 잘 안 되고 혼자 깊이 기도하려고도 해 보지만 그것도 마음대로 되지가 않습니다. 말씀에 순종하는 마음을 가져야 한다고 하면서 저의 마음이 닫혀 있다고 하는 말이 정말 싫고, 그래서 제가 화를 내면 평안을 잃어버리는 거라고 말하니까 더 싫어집니다.

계속 잘못한다고 지적받는 것 같아서 정말 싫고 그래서 매일 몸부림칩니다. 나도 지금까지 나름대로 신앙생활을 해 온 사람인데 정말 이 정도밖에 안 되는 부족한 사람일까요?

예수를 믿고 온전한 회개를 하지 못한 채 시간이 너무 많이 흐른 것은 사실입니다. 그런데 마음으로는 하나님을 정말 사랑하지만 깊은 회개는 나오지가 않습니다. 저도 이젠 정말 회개하면서 하나님을 꼭 만나고 싶지만, 주변에서 도움을 주려고 다가와서 하는 말이 반갑게 들리지 않고, 결국 받아들이지 못하는데 사실 받아들이고 싶은 마음도 별로 없습니다.

그래서 자꾸 참지를 못하고 굳게 닫혀버리는 저의 마음이 계속 저를 더 화나게 할 뿐입니다. 왜 하나님을 믿는 방법이 다르면 안되나요? 각자 다르게 하나님을 믿을 수도 있지 않나요? 서로 신앙생활이 다른 것을 이해하면 안 되나요?

제가 궁금한 건 과연 하나님은 저에게 뭐라고 하실까? 하는 것입니다. "정말 제가 하나님 앞에서 이렇게 살아가는 것이 잘못된 것이라고 말씀하실까?"라는 궁금한 질문에 대한 명확한 답을 찾고 싶습니다. 그 답은 어디에 있을까요?

"하나님은 당신을 사랑하십니다…!"

샬롬! 지금 자리에서 일어나 사랑의 주님 앞으로 나아갈까요? 이 세상을 살아가는 이유는 하나님 사랑을 받고 누리기 위한 것입니다. 신앙생활은 주님 은혜로 세상 모든 것을 이기고 다스리는 권세를 얻는 것입니다. 즉 어떤 일로 인해 혹은 누구 때문에라도 마음의 은혜를 빼앗기지 말아야 합니다.

만약 하나님 은혜로 담대하게 살지 못하고 사람들로부터 상처 입고 시험에 들면서 감사와 기쁨을 빼앗기고 살아왔다면, 그 마음을 다시 주님 앞으로 돌이키고 회개할 때입니다.

하나님은 우리를 죄에서 구하시려고 가장 귀하신 독생자 아들을 아낌없이 내어주신 놀라우신 분입니다. 또한 예수님은 하나님의 아들이라는 권세를 내려놓고 이 세상에 내려와 가장 힘들고 아픈 십자가의 고난을 감당하신 분이십니다. 그 사랑으로 우리는 오직 감사와 은혜을 입고 살아가야 합니다.

항상 기뻐하라 쉬지 말고 기도하라 범사에 감사하라 이는 그리스도
예수 안에서 너희를 향하신 하나님의 뜻이니라 [살전 5:16-18]

그러므로 이제 새로운 마음으로 다시 출발하도록 주님의 길을 찾아나서야 할 때입니다. 주님은 우리에게 항상 기뻐하라! 쉬지 말고 기도하라! 그리고 모든 일에 감사하라! 말씀하셨습니다. 그 모든 열쇠가 순종의 마음에 들어 있습니다.

"지금 이 순간 하나님이 계셔서 마음이 기쁜가요?"
하나님은 지금도, 앞으로도 항상 기뻐하기를 원하십니다.

"쉬지 않고 기도하나요?"
하나님은 십자가에서 구원받았음을 늘 기뻐할 수 있도록 쉬지 말고 기도하라고 하십니다.

"범사에 감사하나요?"
하나님은 모든 일에 늘 감사하기를 기다리시는 분입니다. 주님의 사랑으로 모든 것이 다 이루어졌기 때문입니다.

하나님 아버지의 크신 사랑과 예수님이 다 이루신 십자가의 공로는 오직 순종의 열매입니다. 그러므로 주님의 순종을 바라보고 항상 기뻐할 때이며, 그 순종을 따르기 위해 기도할 때입니다. 또한 먼저 순종의 길을 열어주셨음을 감사할 때입니다. 진실로 감사한다면 오직 은혜로만 기쁘게 달려나갈 때입니다, 그 순종을 배워서 평안을 얻을 때입니다.

하나님은 그렇게 말씀을 따라 순종하며 살아감으로 주님 앞에 항상 기쁨으로 나아오는 하나님 자녀를 늘 기다리시는 분입니다. 아직 아버지의 그 따뜻한 마음을 느끼지 못했다면 지금부터 아버지 사랑의 감동을 얻을 수 있도록 기도하고 아버지와 가까워지기 원합니다!

먼저 예수를 믿는 자로 선택받았음을 감사드려야 합니다. 그리고 마음속에 주신 사명, 즉 하나님을 위해 살아가야 할 소중한 일을 찾아야 합니다. 하나님은 모든 사람에게 주님 나라를 위해 잘 할 수 있는 일을 주셨기 때문입니다.

하나님은 자녀에게 세상을 이기도록 힘을 주시니 예수 이름으로 담대히 나아가 주님과 함께 승리의 길로 나아갈 때입니다. 하나님 나라 일꾼으로 세상에 꼭 필요한 빛과 소금이 되도록 말씀에 순종하는 자로 나아간다면 하나님께서 크신 영광을 받으시고 진정 기뻐하시는 자녀라고 말씀해 주실 것입니다.

할렐루야!!! 순종의 길로 나아가 주님을 만나실 때입니다!!!

순종의 길

가장 아름다운 사람은 누구일까요
날마다 주님의 순종을 따라
기쁨으로 살아가는 자입니다

가장 소중한 사람은 누구일까요
날마다 성령을 따라 순종하면서
기도로 호흡하는 자입니다

가장 사랑스러운 사람은 누구일까요
모든 일에 순종하는 마음의 감사로
그리스도의 평안을 누리는 자입니다

주님과 영원히 함께 가는 사람은 누구일까요
십자가에 달리신 예수님의 순종을 배워서
평강을 누리는 은혜로 살아가는 자입니다

주님께 가장 큰 기쁨을 드리는 사람은 누구일까요
항상 깨어있어 말씀에 순종하고
믿음으로 십자가를 지고 가는 자입니다

여 섯 길
회·복·의·길

주의 구원의 즐거움을

내게

회복시키시고

자원하는 심령을 주사

나를 붙드소서

[시 51:12]

연약함을 도우시는 그리스도 십자가

하나님은 자녀의 삶이 평안하기를 바라십니다. 연약함을 도우시는 그리스도 십자가 앞에 자녀들이 간절한 마음으로 기도하며 나오기를 기다리십니다. 세상을 주관하시는 하나님의 능력을 체험하도록 기다리시는 주님을 만나야 할 때입니다.

만일 삶의 주관자이신 아버지께서 살아계셔서 역사하시는 능력을 모른다면, 아버지의 뜻을 깨닫지 못하고 도움을 간구하지 못해서 주님과의 소중한 관계를 맺지 못하는 자가 됩니다.

어려운 일을 당하는 것은 믿음으로 주의 일을 체험하도록 기회가 온 것입니다. 자신의 힘으로는 도저히 할 수 없는 불가능한 상황에서 주님만이 하실 수 있다는 믿음으로 십자가 앞에 나아가 죄의 짐을 풀고 간절히 구할 때가 온 것입니다.

그는 하나님께 기도하므로 하나님이 은혜를 베푸사
그로 자기의 얼굴을 즐거이 보게 하시고
사람에게 그 의를 회복시키시느니라 [욥 33:26]

만일 문제를 해결하지 못해 실망하고 괴로워하며 넘어진다면 주님께 삶의 힘든 문제를 다 내어드리지 못한 것이며, 무거운 짐의 고통으로 죄에 시달리는 마음으로 있는 것입니다.

우리에게 주신 가장 큰 복은 기도의 능력을 허락하신 은혜입니다. 기도의 은혜는 우리의 연약함을 도우시는 성령께서 늘 함께하셔서 십자가 능력으로 싸워주심을 믿는 확신입니다. 기도할 때마다 죄의 고통에서 건져주시는 체험으로 힘써 간구하도록 성령의 이끄심을 따라 가까이 나아가야 합니다.

때로 세상이 주는 아픔을 건디다 못해 쓰러지고 넘어져서 더 이상은 아무런 힘을 얻을 수 없음에 눈물을 흘린다면, 그 때가 바로 세상이 감당 못할 놀라운 하늘의 은혜를 입을 때이며 은밀히 만나주시는 성령을 맞이할 소중한 기회입니다.

주님은 아무도 알지 못하는 그 힘든 순간에 홀로 찾아오셔서 '나는 너와 항상 함께 있으며 영원히 함께 가는 믿음의 친구다'라고 말씀하시며 감동의 위로와 체험을 주시는 분입니다.

너는 내게 부르짖으라 내가 네게 응답하겠고 네가 알지 못하는
크고 은밀한 일을 네게 보이리라 [렘 33:3]

주님을 은밀히 만나는 체험은 우리를 새롭게 소생시키시는 역사이며, 그 때에 비로소 세상과 상관없는 하나님 나라를 바라보는 눈이 열리고 아버지의 마음을 깨닫는 자가 됩니다. 세상과 나는 간 곳 없고 구속한 주만 보이는 비밀한 체험을 만나는 성령의 역사로 깨어나는 중요한 회복의 순간입니다.

회복의 길은 온전하신 주의 말씀으로 깨어나 주님과 함께 가는 십자가 능력의 길입니다. 곧 우리를 죄에서 용서하시고 건지시려고 아들을 내어주신 긍휼한 사랑을 의지하는 길이며, 오직 주님만으로 새롭게 일어나는 은혜의 길입니다.

> **자기 아들을 아끼지 아니하시고 우리 모든 사람을 위하여 내어주신 이가**
> **어찌 그 아들과 함께 모든 것을**
> **우리에게 은사로 주지 아니하시겠느뇨** [롬 8:32]

주님의 사랑은 우리 안에 생명의 능력이 일어나는 말씀으로 살아납니다. 그 힘은 모든 것이 다시 회복되도록 주님의 마음으로 이끌고, 사랑의 은사를 주셔서 주의 완전하심을 따라 온전한 믿음으로 새로운 길을 찾도록 인도해주십니다.

하나님은 우리가 죄에서 벗어나 주님의 선하신 뜻 안에 거하도록 말씀을 믿는 들음의 귀를 활짝 열어주십니다. 곧 세상이 주는 거짓을 물리치고 악을 미워하면서 싸울 힘을 공급받는 자로 깨어나도록 이끄시며 주님과 함께 선한 길을 가도록 지혜를 열어주십니다.

> **사랑엔 거짓이 없나니 악을 미워하고 선에 속하라** [롬 12:9]

하늘에 속한 자로 깨어나 믿음의 확신을 얻고 살아갈 때 예수의 권세로 악을 이기는 의의 길을 갑니다. 세상 유혹과 권세를 물리치는 말씀의 권능으로 힘써 싸우면서 승리하는 길입니다.

하늘에 속한 자는 예수 안에 능치 못함이 없는 완전한 능력을 입은 확신으로 주님의 길을 찾아갑니다. 선에 속하는 마음을 지키도록 말씀에 순종하고, 마음의 평안을 얻도록 성령의 이끄심을 따라가는 주님의 지혜로 회복하는 길입니다.

주님은 우리를 끝까지 섬겨주시고 사랑하셨습니다. 이제 주님을 섬기는 선에 속한 마음으로 형제를 사랑하고 이웃을 사랑하며 모든 사람을 섬기도록 낮은 곳에 거해야 합니다.

형제를 사랑하여 서로 우애하고 존경하기를 서로 먼저 하며

[롬 12:10]

주님이 가신 십자가의 길에서 바라보는 진정한 회복은 하나님의 영광을 위해 살아가는 삶입니다. 세상이 주는 즐거움보다 하늘에서 내려오는 진정한 평안을 사모하는 마음으로 늘 깨어서 부지런히 일하고 헌신하면서 걸어가는 길입니다.

세상 죄악을 이기고 다스리는 하나님 사랑의 용기로 늘 말씀을 의지하고, 날마다 주를 섬기면서 정성의 마음을 드린다면 하늘의 은혜를 입고 살아가는 선에 속한 사람입니다.

나 여호와가 너를 항상 인도하여
마른 곳에서도 네 영혼을 만족케 하며 네 뼈를 견고케 하리니
너는 물 댄 동산 같겠고
물이 끊어지지 아니하는 샘 같을 것이라 [사 58:11]

예수님이 지고 가신 십자가의 공로를 우리 마음에 품고 살아가야 합니다. 우리를 흰 눈보다 더 희게 정결하게 씻어주시고 세상과 상관없는 하나님의 귀한 자녀로 회복하도록 구원의 십자가를 주셨습니다. 그 귀한 선물을 받은 자는 세상을 이기는 믿음으로 승리하도록 회복의 길로 달려나갑니다.

"제가 회복될까요…?"

저는 기독교 가정에서 태어나 믿음생활로 성장하고 있는 여고생입니다. 그런데 저는 다른 사람보다 욕심이 정말 많습니다. 항상 먹고 싶은 것도 너무 많고 가지고 싶은 것도 많은데다가 하고 싶은 것도 너무 많아서 정말 괴롭습니다.

그래서 부모님으로부터 야단도 많이 맞았지만 잘 고쳐지지가 않습니다. 그런데 학교에서는 욕심을 부리지 않습니다. 오히려 학교에서는 칭찬을 듣는 학생입니다. 그래서 친구들은 저의 욕심을 잘 모르고 선생님도 잘 모르시기 때문에 학교에서는 문제가 된 적이 없고 야단을 맞은 일도 전혀 없습니다.

그러다 보니 저의 문제가 저에겐 심각하지 않습니다. 그러니 집에서 야단맞는 일이 제 맘을 더 속상하게 만듭니다. 학교에서는 나를 인정해주는데 집에서의 나는 그렇게 잘못하는 사람인가 하는 생각이 저를 흔들어서 괴롭기 때문입니다.

하지만 학교에서라도 아무 일이 없는 것이 저에게는 참 다행입니다. 만일 학교에서도 문제가 되었다면 저는 아마 아무도 모르게 멀리멀리 도망을 갔을지도 모르기 때문입니다.

그런데 저는 예배도 빠지지 않고 설교말씀도 잘 듣는데 왜 욕심이 없어지지 않을까요? 욕심만 안 부리면 집에서도 야단맞지 않고 칭찬을 들으면서 잘 살아갈 수 있을 텐데요.

항상 제가 야단을 맞고 혼날 때는 욕심을 버리려고 굳게 다짐을 하지만, 먹고 싶은 것이 생각나고 무엇을 갖고 싶다는 마음이 들면 참지 못하기 때문에 제가 생각해도 한심합니다. "그건 욕심이야!"라고 생각을 바꾸려고 하면 더 떨쳐지지가 않고, 결국 그 생각에 더 사로잡혀서 아닌 척도 해야 하니까 집에서는 제 마음을 감추는 일이 정말 답답합니다.

저도 정말 욕심을 버리고 싶습니다. 야단맞는 것도 싫지만 하나님이 욕심을 버리라고 말씀하시는 설교를 들을 때마다 '욕심 부리면 안 되는데…'라고 후회를 하기 때문입니다. 욕심 없는 사람이 정말 부럽지만, 저도 모르게 또 욕심을 내다가 채워지지 않으면 짜증이 나기 때문에, 다른 사람들한테 화도 잘 내고 신경질도 많이 부리는 제가 저도 싫습니다.

* 저도 욕심 안 부리는 사람으로 변화될 수 있을까요?
* 집에서도 칭찬 받는 떳떳한 사람이 되도록 도와주세요!
* 하나님이 기뻐하시는 자녀로 살아가고 싶은 마음이 커지기를 정말정말 소망하고 있습니다!
* 기도할 수 있고 변화될 수 있도록 도와주세요!

"사랑받기 위해 태어났다는 기쁨을 얻으세요…!"

샬롬! 우리는 사랑받기 위해 세상에 태어난 소중한 하나님의 자녀입니다. 왜냐하면 예수를 믿는 그리스도인은 아버지의 사랑 안에서 늘 평안을 누리고 기쁨을 얻도록 주님이 인도해주시며, 십자가 앞에 나아가 하나님 사랑을 많이 받고 누리도록 도와주시기 때문입니다.

지금 자매님에게 힘든 일이 있는 것은 하나님께서 지금보다 더 좋은 주의 사랑을 알도록 도와주시려는 것입니다. 즉 하나님이 주시는 것과 세상이 주는 것을 구별해서, 하나님이 주시는 것으로 세상 것을 이기게 해 주시려는 축복입니다.

지금 자매님은 마음에서 일어나는 욕심을 스스로 버리고 싶은 마음이지요? 그런데 욕심이 버려지지 않아서 힘든 마음이지요? 그렇다면 이제 주님께 나아가 간구할 때입니다.

왜냐하면 욕심을 버리라고 하는 마음을 주신 분도 하나님이시고, 욕심이 버려지지 않아서 힘들어하는 자매님을 바라보며 도움을 주시려는 분도 하나님이시니, 결국 자매님의 모든 것을 사랑으로 돌보시는 아버지를 만나러 갈 때입니다.

욕심은 세상이 주는 마음이지만, 욕심을 버리고 싶은 것은 하나님이 주시는 마음이므로, 결국 하나님 자녀에게는 세상 것이 자리를 잡지 못하도록 주님이 특별히 도와주시는 은혜가 있음을 깨닫게 하시려는 뜻이니 감사로 나아갈 때입니다.

그러므로 이제 욕심 때문에 힘들어하지 마시고, 늘 함께 하시는 주님께 나아가 십자가의 도우심으로 욕심을 버릴 수 있도록 전심으로 기도할 때입니다. 자매님을 도와주시려고 사랑으로 오시는 주님을 반갑게 맞이하세요.

그런데 그렇게 다가오신 주님께서 자매님을 보시고 칭찬을 해주신다면 얼마나 더 좋을까요? 정말 기쁠 거에요. 그러니까 이제부터 자매님은 하나님이 주시는 것을 좋아하고 세상이 주는 것을 싫어하도록 분별하는 마음으로 생활하세요.

그리고 눈에 보이는 유혹을 물리치고 싸울 수 있도록 하나님께 힘을 달라고 기도하세요. 예수님이 십자가를 지심으로 그 싸움을 먼저 다 이기셨으므로, 그 십자가 능력으로 욕심을 버리도록 결단할 때입니다. 아버지께서는 하나님 자녀가 세상이 주는 마음을 버릴 수 있도록 도와주시려고 늘 가까이에서 기다리고 계십니다.

욕심이 잉태한즉 죄를 낳고 죄가 장성한즉 사망을 낳느니라 [약 1:15]

하나님은 우리에게 아버지의 뜻을 따라 살아가도록 말씀을 주셨습니다. 그 말씀은, 우리 마음에 욕심이 들어와서 죄를 짓게 하고 그 죄가 우리를 주님으로부터 멀어지게 만든다는 것을 일깨워주면서 버려야 할 욕심을 가르쳐주고 있습니다. 말씀을 따라 세상의 욕심을 버리고 주님의 사랑을 담기 위해 기도하면서 주님이 가신 그 길을 따라 걸어갈 때입니다.

그럼 주님 사랑을 담는 기도의 제목은 무엇이어야 할까요?

첫째, 하나님이 늘 함께 하시며 보호해주신다는 믿음!
둘째, 주님과 함께 영원히 살아갈 천국을 바라보는 소망!
셋째, 우리를 구원해 주시려고 십자가를 지신 사랑!

예수님이 십자가에서 이루신 복음의 사랑은 우리를 구하시려고 세상의 모든 것과 싸워 이기신 승리입니다. 그렇듯 주님이 완전한 사랑을 이루어주셨기 때문에, 우리는 사랑받기 위해 세상에 태어난 정말 소중한 하나님의 자녀인 것입니다.

우리 자매님은 기독교 가정에서 태어난 행복한 자녀입니다. 지금까지 부모님께서 욕심을 버리라고 야단을 치신 것은 하나님 사랑 안에서 평안을 누리며 살아가도록 깨워주시고 도와주신 것이니 하나님 앞에 돌이키는 감사로 기뻐하세요!

이제 오직 기도로 승리하는 자매님이 되시기를 간구합니다!

회복의 길

하나님은 사랑한다 속삭여주시지만
우리는 다가서지 못하고 바라만 봅니다

하나님은 좋은 것을 예비하셨지만
우리는 구하지 못하고 불평합니다

하나님은 우리를 잘 알고 계시지만
우리는 그 진실을 깨닫지 못합니다

하나님은 어서 오라 부르시지만
우리는 세상으로 다시 돌아갑니다

하지만 하나님은 끝까지 기다리시며
돌아오는 한 영혼을 가장 귀하다 맞이하십니다
그 깊은 사랑에 회개하는 우리의 심령이기를

믿음으로 달려가는 회복의 길을 향해
온 세상 가득한 하나님의 영광

십자가 사랑으로 새사람 되어서
예수로만 보배 삼고 성령 받으리라

일 곱 길
소·망·의·길

소망의 하나님이

모든
기쁨과 평강을
믿음 안에서 너희에게 충만케 하사

성령의 능력으로
소망이 넘치게 하시기를 원하노라

[로마서 15:13]

가장 좋은 것을 예비하신 주님의 소원

세상을 살면서 우리가 꼭 찾아야 할 소망은 무엇일까요?

우리가 걸어가야 할 길을 비추시는 은혜의 등불일까요?
보이지 않는 마음의 빛을 찾도록 이끄시는 구원일까요?
끝까지 사랑으로 이루어주시는 주님의 간절한 소원일까요?

> 우리가 소망으로 구원을 얻었으매
> 보이는 소망이 소망이 아니니 보는 것을 누가 바라리요
> 만일 우리가 보지 못하는 것을 바라면
> 참음으로 기다릴찌니라 [롬 8:24-25]

십자가를 따라갈 때 우리는 가장 좋은 길로 인도하시는 주님의 소원을 만나게 됩니다. 하지만 십자가를 따라가는 길은 보이지 않는 곳에 은밀히 나타나므로 인내로 기다리면서 다가가야 합니다. 온전한 믿음으로 끝까지 오래 참는 용기를 구해야 하기 때문입니다.

하나님께서 우리에게 소망을 주신 것은 우리의 뜻이 아닌 아버지의 뜻을 좇아 살아가도록 인도하시는 사랑입니다. 만일 우리 마음 깊은 곳에 하늘의 소망을 주시지 않았다면, 보이는 현실에 눈이 어두워서 하나님 나라를 향해 부르짖는 지혜를 찾지 못하고 인간의 마음으로 그냥 살아갈 것입니다.

소망을 찾는 것은 곧 아버지 마음을 따르도록 준비된 선물을 맞이하

는 것입니다. 왜냐하면 소망에는 우리에게 가장 좋은 것을 예비하신 주님의 소원이 들어있기 때문입니다.

예수님께서 땀방울이 핏방울이 되도록 간절히 기도하실 때, 이 잔을 거두어달라고 하셨으나, 결국 모든 것을 다 내려놓고 오직 아버지의 원대로 되기를 간구하신 것은 그 뜻이 바로 아버지께서 이루실 소원이었기 때문입니다.

아버지의 뜻이어든 이 잔을 내게서 옮기시옵소서 그러나
내 원대로 마옵시고 아버지의 원대로 되기를 원하나이다 하시니
사자가 하늘로부터 예수께 나타나 힘을 돕더라 [눅 22:42-43]

예수님처럼 오직 아버지의 뜻을 따르도록 몸과 영혼을 다 맡겨드린다면 진정으로 아버지의 소원을 따르는 자입니다. 하늘의 소망을 따르기 위해 전심으로 기도한다면 하늘로부터 돕는 손길이 임하는 놀라운 빛의 감동을 얻도록 체험을 주십니다.

너희를 위하여 하늘에 쌓아둔 소망을 인함이니
곧 너희가 전에 복음 진리의 말씀을 들은 것이라 [골 1:5]

우리가 원하는 것을 따라간다면 그 모든 일에 대한 책임은 우리에게 있지만, 하나님이 원하시는 하늘의 소망을 따를 때는 성령께서 우리의 모든 일에 대한 책임을 맡아주시고 가장 좋은 길로 인도해주심을 믿도록 하늘의 지혜를 내려주십니다.

예수님께서는 감람산에서 '저희를 떠나 돌 던질 만큼 가서 무릎을 꿇고 [눅 22:41]' 우리를 위해 진정 무엇을 기도하셨을까요?

주님께서는 하늘을 바라보시며 아버지 사랑에 대한 놀라운 뜻의 비밀을 깨달아 아시고, 하늘의 것과 땅의 것이 다 하나님 사랑 안에서 통일되는 역사를 기도하셨을 것입니다.

자비하신 하나님께서 십자가를 통해 우리를 믿음의 자녀로 삼으시고, 하나님께 영광의 찬송을 드리는 자녀로 살아가기를 바라시는 마음을 아시니 그 뜻을 기도하셨을 것입니다.

예수님은 자녀들의 삶이 오직 하늘의 신령한 복으로 가득 채워져서 삶의 고통을 모두 해결 받을 수 있기를 기도해주십니다. 또한 하나님이 주시는 풍성한 은혜로 세상을 이기며 영광을 찬송하도록 기도해주십니다. 결국 우리가 예수 십자가의 피로 죄 사함을 받고 하늘의 복을 풍성히 얻는 자로 소망의 길을 찾는 역사에 들어가도록 기도하시는 분입니다.

너희의 믿음의 역사와 사랑의 수고와
우리 주 예수 그리스도에 대한 소망의 인내를
우리 하나님 아버지 앞에서 쉬지 않고 기억함이니 [살전 1:3]

주님께서는 자녀들에게 아버지의 마음과 사랑과 뜻을 온전히 다 알도록 지혜와 계시의 정신을 주셨습니다. 즉 아버지의 소원대로 다 이루어지는 그 때에, 주님께서 우리에게 베푸신 십자가의 능력이 얼마나 큰 것인지 그것을 전부 다 알고 온전한 감사를 드리도록 이끌어주시려는 사랑입니다.

그러므로 우리를 향한 하나님의 뜻이 얼마나 놀라운 것인지를 깨닫기까지 전심으로 기도하는 주님의 기도를 닮아가야 합니다. 아버지께서 마음에 주신 하늘의 소망을 모두 이루기까지 세상의 문제로 힘들어지지 않도록, 우리를 위해 예비하신 신령한 복을 다 얻는 기쁨과 감사를 누려야 하는 것입니다.

인내는 연단을, 연단은 소망을 이루는 줄 앎이로다 [롬 5:4]

삶에서 어려운 일을 당하는 것은 주님을 의지하는 믿음을 굳게 붙들도록 기도의 능력으로 은혜를 찾을 기회입니다. 곧 믿음으로 결단하는 용기로 마음을 훈련하는 시간이며, 또한 환란이 올 때도 하나님을 의지함으로 끝까지 참을 수 있는 인내를 소망하면서 기도의 능력을 의지해서 주님을 따라가는 길입니다.

그러므로 환란을 통해 이루실 주님의 소망을 바라보고 승리를 확신하면서 간절히 부르짖는 기도에 힘써야 합니다. 환란 가운데 믿음을 굳게 지킬 수 있는 자로 하나님과의 관계를 더 깊이 이룰 기회를 맞이해야 합니다. 결국 우리를 향한 아버지의 소원은 오직 사랑의 은혜와 믿음의 소망입니다.

소망 중에 즐거워하며 환난 중에 참으며 기도에 항상 힘쓰며 [롬 12:12]

주님께서 십자가에서 인내하신 사랑의 완성은 우리 안에 언제나 아름다운 소망으로 살아있는 생명의 길입니다.

"소중한 가족의 고난…!"

저희 가정은 기독교 가정으로 성실히 살고자 노력하고 있습니다. 첫 아이는 지금 초등 2학년인데, 딸애는 태어나서 정말 예쁨을 많이 받았습니다. 아내가 결혼하면서 직장도 그만두고 저만 믿고 전혀 연고지도 아닌 곳에서 생활하다 보니 우울증이 약간 있었던 탓에 딸애를 무척이나 좋아했습니다. 그리고 3년이 되던 해에 둘째 애를 보게 됐는데, 혼자 사랑을 독차지하던 딸애는 둘째에게 빼앗긴 주도권 때문인지 틈만 나면 동생을 못살게 굴었고 엄마한테도 못되게 굴기 시작했습니다.

시간이 지나면 나아지려니 했지만 딸애의 성격은 바뀌지 않았습니다. 그렇게 엄마와 싸우는 날이 많아졌고 사람들이 많은 곳에서 공개적으로 이상한 행동(갑자기 떼를 쓴다거나 엄마를 무시하는 발언 등)으로 엄마에게 모욕감을 주는 일이 많아졌습니다. 아내는 상처를 많이 받았고 딸애에게 더 심하게 대하는 날도 많아졌습니다. 유치원을 다닐 때도 유치원 선생님으로부터 이상한 아이 취급을 받을 정도였는데, 아내는 못 견딜 정도로 싫어하면서 딸애를 심하게 대했습니다.

초등학교 2학년이 되면서 좀 더 심해졌고 다니던 학원에서도 이상한 행동을 해서 같이 다니던 애들과 심하게 다투는 일로 학원 선생님으로부터 전화를 받았는데, 아내는 아주 심하게 딸애를 때리고 죽고 싶다고까지 말하곤 했습니다.

아내가 너무 힘들어합니다. 영적 치유를 받아보고 싶다고도 가끔 말하지만, 또 다른 상처를 받을까봐 뭘 해도 두려워하고 대인기피증도 많이 생겼습니다. 딸애를 더 이상 키우고 싶지 않다는 말도 종종 합니다. 대안학교에 보내야 할까를 고민하고 있습니다.

"주의 사랑으로 이루실 소중한 가족의 소망…!"

지금 엄마와 딸 중 누가 더 힘들까를 쉽게 헤아릴 수 없는 안타까운 상황으로 매우 조심스러운 접근의 필요를 느끼면서, 상담을 통해 가족 모두의 평화를 찾고자 진정으로 애쓰는 가장의 지혜로운 수고가 정말 감사했다. 왜냐하면 부인과 딸의 입장을 비교적 독립적으로 받아들이는 가장으로서의 객관적인 시각이 정말 소중하고 유익한 대처이기 때문이다.

'소중한 가족의 고난'으로 다가오는 문제의 출발은 둘째를 출산하는 가정에서 쉽게 볼 수 있는 경우였지만, 결국 가족 모두가 함께 고통을 겪게 되는 문제로 크게 확산될 수 있기 때문에, 부모교육 강의를 할 때마다 아주 중요한 핵심주제였고, 그 시점은 첫째 아이에게 특별히 신경을 써주어야 하는 중요한 때라는 것을 강조하면서 가족의 지혜를 전달했었다.

이제 고난받는 소중한 가족을 향해 빛과 진리가 되시는 주님의 환한 세상이 열리는 놀라운 기적을 바라보면서, 예수 안에 능치 못함이 없는 말씀의 능력과 믿음의 사랑으로 승리하는 가정이 되도록 간구하는 지혜로 상담을 시작했다.

* * *

샬롬! 부모의 모든 사랑과 관심을 독차지했던 첫 아이에게 동생이 생긴다는 것은 너무나 큰 위기의 시점일 수 있습니다. 그 충격은 마치 사랑하는 사람이 자신을 버리고 더 큰 관심을 쏟는 다른 사람을 데려오는 엄청난 배신과도 같은 것입니다. 더욱이 그들은 대부분 비정상화 단계인 취학 전 어린이들이므로 밀려나지 않으려고 과잉행동(흥분, 불안정), 돌발행동(충동적), 돌출행동(눈에 띄는)의 연속으로 불안한 마음을 쏟아내는 이상행동(부적응)을 하는 경우가 많습니다.

모든 사랑이 자신만의 것이었던 자리에서 밀려난 따님의 상처가 얼마나 큰 것인지를 알기 위해 따님 내면의 마음을 깊이 바라보아야 합니다. 마음의 치유는 숨어있는 깊은 내면을 함께 공유하고 느끼면서 다가갈 때 큰 위로를 통해 얻는 감동으로 회복됩니다. 그러므로 진실한 기도와 함께 주님이 주시는 크신 사랑의 도우심으로 다가가시기를 원합니다.

더욱이 지금의 가족 구성은 따님의 마음뿐 아니라 어머니의 마음도 깊은 사랑과 위로가 필요한 너무나 절실한 상태이기 때문에, 가장으로서의 입장이 정말 중요하고 더욱이 신중을 기해야 할 때입니다. 왜냐하면 불안한 마음은 상대를 예민하게 관찰하면서 더 깊이 숨으려고 마음 문을 닫기 때문입니다.

마음 문이 열리도록 도와주는 접근에서의 주의점을 본다면 따님에게는 어머니의 입장을, 그리고 어머니께는 따님의 입장을 될수록 말씀하시지 않는 것이 좋습니다. 따님과 어머니를 각각 따로 조용히 만나서 모든 이야기를 들어주시고, 가장의 입장에서 바라보는 깊은 사랑의 마음을 많이 표현하시면서, 그 아픔을 함께 나누고픈 심정을 전하시는 일이 가장 중요합니다.

만일 가장으로서 엄마에게 딸을, 딸에게 엄마를 이해하자고 말한다면 결국 모두가 힘들어지면서 대화의 문이 닫힐 수 있습니다. 따라서 딸로 인해 많이 힘들어진 아내의 고통을 이해하고 공감하는 남편으로, 그리고 딸을 향해 동생에게 엄마를 빼앗긴 누나의 힘들고 불안한 마음을 지원하는 심정으로, 양 쪽 모두를 용납하는 주님 마음을 구할 때입니다.

상처로 어두워진 따님의 마음에 소망의 빛을 비추는 깊은 관심의 사랑이 치유로 밝아지는 회복을 부릅니다. 지금은 부모에게 힘든 고통을 주는 딸로 보이지만, 사랑의 가정으로 세워지는 일에 결정적인 역할을 하는 소중한 자녀임을 믿으시고, 따님에게 조금씩 생활의 변화가 일어나도록 수용하면서 마음의 교제로 연합하는 기도가 진행될 수 있기를 원합니다.

그리고 지금은 가족 간에 깊이 스며든 상처가 사랑의 신뢰로 회복되어야 하는 가장 절박한 때이므로, 자녀가 집을 멀리 떠나 생활하게 되는 대안학교를 고려하는 시기로는 적합하지 않을 수 있다는 점을 알려드립니다.

"고난당한 것이 내게 유익이라 이로 인하여
내가 주의 율례를 배우게 되었나이다" [시 119:71]

또한 너무나 힘든 고통 가운데 있는 부인께서 무거운 짐을 벗고 자유케 되시도록 십자가 소망을 바라볼 때입니다. 소중한 그리스도 가정에 어려움이 있는 것은 주님의 고난과 승리의 역사에 동참하는 축복을 얻기 위함이므로, 하늘의 소망으로 모든 것을 이기는 가정으로 회복되시도록 기도합니다.

- 얼마 지난 후에 가장으로부터 보내온 소망의 글 -

"정말 감사드립니다. 제게 큰 힘이 되네요.
상담을 받을 수 있도록 하나님께서 인도해주셨음에 감사드립니다.
기도 가운데 열심히 실천하고 있습니다.
끝까지 노력하겠습니다."

소망의 길

어둠 속에 밝은 빛이 나타납니다
어둠이 빛을 만나는 소망이지요

서운함 속에 용서가 보입니다
용서가 서운함을 녹이는 소망이지요

아픔 속에 치유가 일어납니다
치유로 아픔이 씻기는 소망이지요

고통 속에 자유가 솟아납니다
자유가 고통을 끌어안는 소망이지요

믿음 속에 사랑이 채워집니다
아름다운 사랑이 믿음을 부르는 소망이지요

새로운 탄생을 창조하는 믿음
믿음으로 찾아가는 하늘의 소망

소망의 빛을 타고 은혜로 맺히는
사랑의 열매가 기다립니다

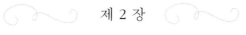

제 2 장

십·자·가·의·길

네 빛이
아침 같이 비췰 것이며

네 치료가
급속할 것이며

네 의가
네 앞에 행하고

여호와의 영광이 네 뒤에 호위하리니

[사 58:8]

내가
그리스도와 함께

십자가에 못 박혔나니

그런즉

이제는
내가 산 것이 아니요

오직

내 안에
그리스도께서 사신 것이라

이제
내가 육체 가운데 사는 것은

나를
사랑하사

나를 위하여 자기 몸을 버리신

하나님의
아들을 믿는 믿음 안에서 사는 것이라

[갈 2:20]

1. 믿·음·의·십·자·가

성령이
너희에게 임하시면

너희가 권능을 받고
예루살렘과 온 유대와 사마리아와
땅 끝까지 이르러

내
증인이 되리라

[행 1:8]

믿음으로 승리하는 주의 십자가

십자가 보혈은 정결하게 씻기는 삶으로 인도합니다.
빛이 들어와 어두운 죄가 눈처럼 희게 맑아지는 것입니다.
정결하신 분…! 그 분께서 십자가를 지셨기 때문입니다.
죄가 없으신 그 분이 바로 주님! 그리스도 예수이십니다.

믿음은 피의 능력으로 날마다 돌이키고 회개하는 것입니다.
모든 것을 다 이루신 주님의 권능 안에 거하기 때문입니다.
그래서 나의 주인이 우리 구주 예수님으로 바뀌는 것입니다.
이제는 내가 없고 오직 예수님만 내 안에 사시는 것입니다.

믿음은 새것이 되어서 헌것이 완전히 없어지는 것입니다.
세상의 모든 명예도, 물질도, 실패도, 고집도 다 사라집니다.
낮은 곳에서 우리를 섬겨주신 주님의 참사랑 때문입니다.
이제 그 길을 따르도록 기쁨으로 순종하며 나아갈 때입니다.

믿음은 세상을 다 버리고 오직 주님만을 모시는 평안입니다.
우리의 연약함을 도우시는 십자가를 붙들었기 때문입니다.
우리가 넘어지고 쓰러질 때 주님은 가까이 함께 계십니다.
그래서 혼자가 아닌, 예수님과 하나 된 영원한 동행입니다.

힐링! 예수 그리스도의 선물! 놀라운 복음의 소식입니다!

8·가·지·힐·링·의·선·물

여호와여
주의 도로 내게 가르치소서

내가
주의 진리에 행하오리니

일심으로
주의 이름을 경외하게 하소서

[시 86:11]

1. 복음의 자녀

우리 죄를 대신하여 십자가를 지신 예수님의 아름다운 희생은
그 누구도 대신할 수 없는 고난을 홀로 감당하신 사랑입니다.
세상이 줄 수 없는 너무나 값진 생명의 선물을 주셨습니다.

주님께서 세상의 모든 고난을 다 감당하신 십자가 사랑은
우리의 몸과 마음이 강건함을 입는 놀라운 성령의 선물이며
그 은혜를 따라 하늘의 말씀으로 임한 축복을 얻은 것입니다.

복음에는 하나님의 의가 나타나서 믿음으로 믿음에 이르게 하나니
오직 의인은 믿음으로 말미암아 살리라 [롬 1:17]

복음의 자녀는 오직 믿음으로 하나님의 의를 나타내야 합니다.
오직 주를 위해 살아가는 의인으로 삼아주셨기 때문입니다.
하나님의 영으로 깨어나 성령을 따라가는 사람이 되어
주님이 허락하신 영적인 축복을 온전히 입고 누려야 합니다.

주님이 십자가에서 이루신 복음의 은혜로 새사람 되어서
무슨 일을 만나든지 오직 주가 주신 평안으로 싸워 이기고
복음으로 깨어나 말씀으로 담대히 물리치는 길로 나아갑니다.
복음의 자녀는 세상의 죄악과 상관없는 하늘의 사람으로
십자가에서 내려오는 평화의 복음을 들고 전진합니다.

2. 성령의 권능

주를 믿고 구원받은 자에게 놀라운 성령의 권능이 임합니다.
십자가를 믿음으로 하늘나라를 바라보는 영의 눈이 열리고
성령의 권능으로 임하는 말씀으로 주의 길을 따라가며
하나님 나라가 임하는 평안으로 거룩한 삶을 이루어 갑니다.

육으로 난 것은 육이요 성령으로 난 것은 영이니 [요 3:6]

예수의 사람은 십자가의 길을 온전히 따라가야 합니다.
육의 사람에서 영의 사람으로 거듭난 성령의 사람이므로
영의 권세로 육의 권세를 이기고 다스리는 힘을 얻은 것입니다.

사람이 물과 성령으로 나지 아니하면
하나님 나라에 들어갈 수 없느니라 [요 3:5]

연약함을 가진 육의 사람은 세상의 고통을 이길 힘이 없지만
주님과 동행하는 영의 사람으로 십자가의 길을 가는 확신은
예수 안에 능치 못함이 없는 완전함으로 새 힘을 얻습니다.

사람이 거듭나지 아니하면 하나님 나라를 볼 수 없느니라 [요 3:3]

성령의 권능으로 세상을 이기는 자 되어서 어두운 세상을
주의 빛으로 밝힌다면 말씀 안에 거하는 축복의 삶입니다.

3. 구원의 확신

구원의 확신은 보혈의 능력으로 새 삶을 맞이하는 것입니다.
말씀이 우리 안에 영원한 생명의 능력으로 살아있어 날마다
예수의 사랑을 확신하는 믿음의 은혜 안에 살아가는 것입니다.
주님이 오실 날을 바라보는 믿음으로 영광을 얻은 삶입니다.

너는 행복자로다 여호와의 구원을 너같이 얻은 백성이 누구뇨
그는 너를 돕는 방패시오 너의 영광의 칼이시로다
네 대적이 네게 복종하리니
네가 그들의 높은 곳을 밟으리로다 [신 33:29]

구원의 확신은 성령의 은혜로 세상을 온전히 이기는 힘입니다.
세상의 일을 하늘의 일로 여기고 감당할 힘을 얻는 것입니다.
하늘에 속한 자는 세상이 부러워하도록 성령을 입은 자입니다.

세상 죄악을 미워하고 하늘의 도우심을 구하는 사람이 될 때
하나님은 이 땅의 모든 일을 통해 하늘의 것으로 채워주십니다.
성령께서 일하심을 온전히 믿고 의지하는 자의 복된 길입니다.

구원의 확신은 성령을 따라 주의 길을 예비하도록 인도합니다.
십자가에 나아가며 성령과 말씀으로 날마다 깨어나게 합니다.
이 땅의 삶을 회복하는 자로 살아가면서 예수님을 닮아가고
자신의 삶을 내려놓음으로 성령의 인도를 따르는 것입니다.

4. 믿음과 소망

믿음은 가장 큰 소망을 밝혀주는 하늘의 놀라운 선물입니다.
어두운 세상을 밝히는 복음의 빛을 따라 믿음으로 살아가는 것은
말씀을 의지하여 십자가를 지고 주의 길을 가는 축복입니다.

빛의 자녀는 성령과 은밀히 교제하고 주와 동행하는 사람이며
세상을 버리고 하늘의 것을 좇아 살아가는 하나님 백성입니다.
세상의 어둠을 물리치는 빛의 자녀는 세상을 다스리는 자입니다.

믿음은 성령의 인도를 따라 살아가는 소망을 바라보게 합니다.
그 소망을 얻도록 하나님의 지혜를 간구하는 자가 되어야 합니다.
하늘의 것은 영의 일이며 세상의 것은 육의 일이므로
늘 깨어서 말씀에 귀를 기울이고 성령을 따라가야 합니다.
세상의 일을 내려놓고 주님 뜻을 따라가는 믿음의 길입니다.

진리의 성령이 오시면
그가 너희를 모든 진리 가운데로 인도하시리니
그가 자의로 말하지 않고 오직 듣는 것을 말하시며
장래 일을 너희에게 알리시리라 [요 16:13]

주님께서는 성령을 통해 진리의 길을 가도록 인도해 주십니다.
믿음의 사람은 오직 그리스도의 영을 좇아 살아가는 자이며
하늘의 소망을 따라 주가 하신 일을 행하는 자입니다.

5. 회개의 선물

하나님께서 독생자 아들 예수님을 이 땅에 보내시지 않았다면
우리가 죄인으로 남았을 것이지만, 예수 십자가 보혈의 공로로
우리는 세상과 다른 거룩한 하나님 나라 백성이 되었습니다.
예수의 피는 세상에서 제일 값진 회개의 선물인 것입니다.

이제 우리는 늘 주와 동행하도록 하늘의 것만 붙들어야 합니다.
세상이 주는 문제로 걱정과 근심을 담지 않도록 십자가를 통해
주님을 향한 기쁨과 감사로 회개의 선물을 지켜야 합니다.

회개의 영으로 깨어나는 것은 세상으로 돌아가지 않도록
주의 말씀 안에서 예수님을 닮아가는 생활로 바뀌는 것입니다.
세상의 유혹은 시험에 들게 하려고 정과 욕심으로 다가오지만
온전한 회개는 세상과 상관없는 복음의 길을 가도록 인도합니다.

때가 찼고 하나님 나라가 가까웠으니
회개하고 복음을 믿으라 [막 1:15]

다시는 세상과 타협하지 않도록 진정한 회개로 매일 근신하고
자기를 부인하는 심령이 가난한 자로 살아가야 할 때입니다.
세상의 어떤 문제가 다가와도 주님을 향한 믿음을 지키도록
하늘의 능력으로 세상을 다스리는 자가 되는 것입니다.

6. 희락과 화평

주와 동행하는 삶은 주가 보이신 생명의 길을 가는 것입니다.
세상에 없는 하늘의 참 생명을 받은 자로 희락의 기쁨을 얻고
세상이 주는 유혹과 시험을 능히 이겨내는 자가 됩니다.
그리스도 십자가로 구원 받았음을 확신하는 희락의 은혜로
모든 일을 즐거움으로 감당하면서 주님과의 화평을 누립니다.

**주께서 생명의 길로 내게 보이시리니 주의 앞에는 기쁨이 충만하고
주의 우편에는 영원한 즐거움이 있나이다** [시 16:11]

희락과 화평은 여호와를 향한 믿음으로 세상에 나아가게 하며
생명을 주신 주님의 권세로 진실한 마음의 기쁨을 얻게 합니다.
무슨 일을 만나든지 희락의 은혜로 화평함을 이루어야 합니다.

주님만을 기뻐하는 희락의 은혜는 마음의 소원을 이루게 하며
삶의 모든 과정에서 주님 말씀을 의지하는 자로 믿음을 지키게 합니다.
날마다 하나님의 뜻 안에서 모든 삶을 이루어가는 복된 길입니다.

여호와를 기뻐하라 저가 네 마음의 소원을 이루어 주시리로다

[시 37:4]

복음의 말씀으로 살아갈 때 충만해지는 희락의 은혜로
그리스도의 화평을 누린다면 하나님 나라 백성입니다.

7. 기도와 간구

하나님은 우리 마음의 중심을 받으실 때 모든 것을 주십니다.
항상 가장 좋은 것을 예비하시고 기다리시는 분이십니다.
근심을 버리고 하늘의 복을 얻도록 기도와 간구로 나아오라 하십니다.

우리의 연약함으로는 세상을 감당할 수 없으므로 십자가 앞에
삶의 중심을 내어드리고 도우심을 얻도록 기도와 간구로 나아가야 합니다.
영의 기도는 하나님이 원하시는 뜻을 온전히 찾는 지혜이며
삶의 중심이 주께 있음을 깊이 깨닫는 말씀으로 나아가는 길입니다.

너의 길을 여호와께 맡기라 저를 의지하면 저가 이루시고 [시 37:5]

오직 하나님의 뜻만을 이루시기 위해 기도하신 주님의 삶을
온전히 닮아가는 자가 되도록 영의 간구에 힘써야 합니다.
제자의 발을 닦아주시며 아버지 사랑을 베푸신 주님의 은혜로
아버지 뜻을 따라 기도하신 주님의 겸손을 배워야 합니다.

세상의 일을 주님 마음으로 돌아보는 시각을 구해야 합니다.
진실한 주의 사랑을 사모하고 그 뜻을 품기 위해 기도하며
오직 주를 높이고 이웃을 섬기는 참사랑을 얻도록 간구합니다.

원수 되었던 우리를 다시 살리시고 참 생명을 주시기까지
오직 기도와 간구로 승리하신 십자가의 길입니다.

8. 감사의 승리

죄로 죽을 수밖에 없었던 자에게 하늘의 선물이 내려왔습니다.
십자가의 공로로 하나님 나라의 거룩한 백성이 된 것입니다.
그 은혜는 날마다 진정한 감사로만 살아가야 할 이유입니다.

진정한 감사는 십자가에 달리신 주의 사랑 안에 살아가는 자로
다가오는 일을 통해 오직 주의 뜻을 찾고 기뻐하는 것입니다.
무슨 일을 만나든지 성령께서 이끌어주심을 믿는 은혜로
순간마다 역사하시는 주의 인도 앞에 감사하는 것입니다.

삶의 모든 과정 속에서 가장 좋은 것으로 풍성하게 채우시는
하나님 은혜로 살아간다면 감사의 승리로 영광 돌리는 자입니다.

감사하는 소리와 즐거워하는 자의 목소리가 그 중에서 나오리라
내가 그들을 번성케 하리니 쇠잔치 아니하겠고
내가 그들을 영화롭게 하리니 비천하지 아니하겠으며 [렘 30:19]

고난을 당할 때 십자가 은혜에 감사하는 마음으로 바라본다면
고난 속에서 지켜주신 주님 사랑의 은혜를 깊이 깨닫게 됩니다.
감사의 마음이 모든 일에 동일하게 드려지는 은혜입니다.

자녀의 손을 한 순간도 놓지 않으시는 주님께 삶을 드리고
모든 일에 주의 도우심을 얻어 승리하는 자의 길입니다.

2. 은·혜·의·십·자·가

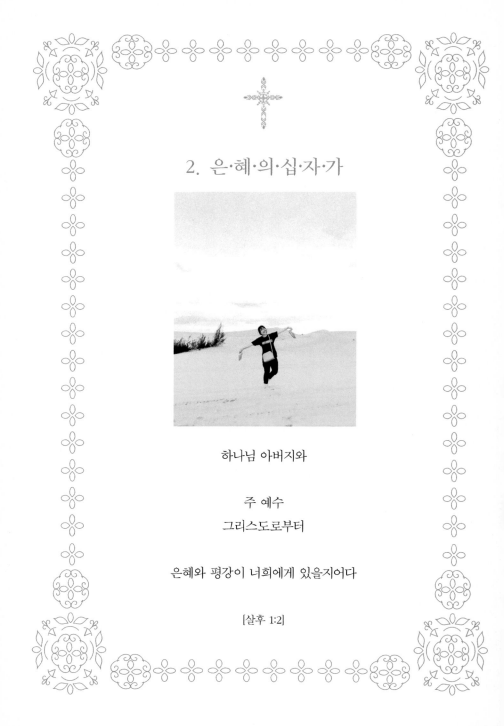

하나님 아버지와

주 예수
그리스도로부터

은혜와 평강이 너희에게 있을지어다

[살후 1:2]

은혜의 십자가

우리 영혼이 잠잠히 십자가를 바라볼 때
어두움을 비추는
은혜의 빛이 내려옵니다

지치고 상한 몸으로 십자가를 바라볼 때
따뜻하게 녹이시는
아버지의 손길이 내려옵니다

쓰리고 아픈 마음으로 십자가를 바라볼 때
어루만져주시는
성령의 위로가 내려옵니다

외로움과 절망으로 홀로 남았나요
아버지의 품에 안기세요
우리의 허물을 덮으시는 사랑입니다

이제 힘들었던 그 자리에서 일어나
무거운 짐을 모두 벗고
환한 미소로 오시는 아버지를 만나세요

십자가 사랑으로 흐르는 복음의 향기
하늘 문이 열리는 생명의 빛
성령으로 내리는 은혜의 십자가입니다

힐·링·의·은·혜

할렐루야
내 영혼아 여호와를 찬양하라

나의 생전에
여호와를 찬양하며

나의 평생에
내 하나님을 찬송하리로다

[시 146:1-2]

감사의 은혜

저희의 땅을
기업으로 주신 이에게 감사하라
그 인자하심이 영원함이로다

[시 136:21]

복음 안에 살아가는 것은 십자가 사랑으로 열린 마음에 진정한 감사를 담는 것입니다. 무슨 일을 만나든지 구원받은 은혜를 향한 감사와 기쁨으로 믿음을 잃지 않고 살아가는 것입니다.

십자가를 바라보는 소망은 세상의 모든 죄와 멀어지게 합니다.

예수의 이름으로 다시 태어난 하나님 자녀가 되었으므로 마음에 성령의 충만한 은혜로 기쁨과 즐거움을 얻는 것입니다. 그 은혜의 소망은 세상이 주는 욕심의 마음을 깨끗이 비워줍니다.

주의 십자가로 구원받은 은혜에 감사하는 생활은 세상의 즐거움을 원하지 않는 것입니다. 현실의 문제로 고통 받지 않도록 영적으로 무장하고 유혹과 시험을 이기는 믿음으로 주님의 기업을 감당합니다.

주님이 흘리신 보혈의 능력을 의지하는 생활은 주님의 권세를 입고 세상과 담대히 싸워 이기는 자가 되는 것입니다. 오직 그리스도의 은혜와 감사로 살아가는 하나님의 귀한 백성입니다.

아버지 사랑

아버지 사랑으로 세상의 어둠을 밝혀주신 주님은 우리를 위해 성령님을 보내주셨습니다. 그러므로 다시는 어두움에 들어가지 않도록 성령을 따라 살아갈 때입니다. 성령께서는 끝없는 보살핌으로 우리 맘속에 평안으로 열리는 빛의 길을 인도하십니다.

매일 어려운 순간마다 갈 길을 인도하시는 놀라운 손길입니다.

하나님 자녀

하나님 자녀는 주의 보호하심 안에 늘 거함으로 세상에서 시달리지 않도록 위로를 얻는 말씀 안에 살아가는 복된 자가 되어야 합니다.

성령님은 가장 좋은 길을 예비하시고 자녀의 삶이 아버지의 뜻 안에서 항상 평안을 이루도록 매순간 함께 해 주십니다.

하나님 자녀는 세상이 주는 고통과 고난을 당해도 말씀으로 갈 길을 밝혀주시는 주님의 보호하심을 믿고 평안으로 살아가야 합니다.

보혈의 능력

보혈의 능력은 어둠을 빛으로 변화시키는 구원의 열쇠입니다.

죄에 빠져 원수 된 우리를 대적에게서 건지시어 죄에서 자유를 얻게 하신 사랑입니다. 보혈의 능력으로 새사람이 되었음을 확신하는 감사는 날마다 십자가 앞에 나아가 주신 은혜에 감사하는 찬송과 기도를 드리는 것입니다. 하나님을 경배하는 자의 삶으로 영광을 돌리며 주님이 가신 그 길을 따라가는 은혜입니다.

찬 양 의 은 혜

우리의 구원의 하나님이여 우리를
구원하여 만국 가운데서 건져내시고
모으시사 우리로 주의 성호를 감사하며
주의 영예를 찬양하게 하소서

[대상 16:35]

우리가 하나님을 찬양할 수 있는 자녀로 부름을 받은 것은 아버지의 거룩함을 입은 자녀로 택함을 받은 영광의 길입니다. 온 세상을 다 준다 해도 바꿀 수 없는 가장 고귀한 은혜입니다.

하늘의 영광은 세상과 완전히 구별된 것이므로 주를 찬송하는 자에게는 세상의 고통과 근심이 녹아내리는 축복이 임합니다. 하늘에 속한 자, 곧 성령을 입은 자로 찬양하는 귀한 축복입니다.

하늘에 속한 자의 삶은 찬양의 은혜로 세상의 문제를 해결받고 평안을 지키는 것입니다. 구주를 높여드리는 찬송으로 날마다 주 안에 있음을 깨닫고 성령과 함께 기쁨의 삶을 누리며 살아가야 합니다.

찬양의 은혜는 세상에서 오는 모든 고통과 염려를 들고 십자가 앞에 나아가 온전히 내려놓게 합니다. 구원받은 기쁨과 감사하는 은혜로 하나님을 찬양하기 때문입니다. 죄에서 자유를 얻고 기뻐하는 찬양의 은혜로 하나님과 가장 가까운 관계를 맺고, 그 사랑의 깊이를 깨닫는 자의 지혜로 살아가는 길입니다.

하나님의 존귀

십자가 보혈의 능력으로 거룩한 주의 자녀가 되었음을 확신하는 은혜는 우리 마음 깊은 곳에 즐거움과 기쁨이 흘러넘치게 합니다. 그 은혜의 확신을 얻은 자는 하나님의 존귀와 위엄 앞에 온전히 무릎 꿇고 경배하며 영광 돌리는 삶으로 승리합니다.

극진히 찬양

하나님은 한없이 높은 곳에 계시며 무한히 광대하신 분입니다. 그 분의 거룩하심을 따라 극진히 온 맘 다해 찬양하고 온몸으로 송축하며 나아갈 때 우리가 그 분의 자녀임을 확신합니다. 주님을 경외하는 자의 믿음으로 마음의 중심을 드릴 때 한없이 큰 은혜로 세상 모든 것을 이기는 권세를 내려주시는 분입니다.

주님의 권능을 노래하고

하나님은 거룩하신 이름으로 높임을 받으실 영광스러운 분입니다. 그 거룩하심을 따라 주 앞에 나아가도록 준비할 것은 오직 은혜 입은 자의 믿음으로 주의 권능을 노래하는 것입니다.

우리 삶의 모든 것이 하나님의 주관하심 속에 있음을 확신할 때 어떤 문제가 와도 진정한 평안으로 보살피시는 아버지의 마음을 노래하는 자로 일어날 수 있기 때문입니다. 우리가 알 수 없는 것을 아는 지혜와 할 수 없는 것을 하도록 무한한 능력을 주시는 아버지 앞에 전심으로 찬양하며 나아가는 축복입니다.

회개의 은혜

죄인 하나가 회개하면
하늘에서는 회개할 것 없는
의인 아흔아홉을 인하여
기뻐하는 것보다 더하리라

[눅 15:7]

십자가의 구원으로 빛의 자녀가 된 것은 어둠 속에 갇힌 죄의 존재로 갈 바를 알지 못했던 자에게 주의 보혈로 흰 눈보다 더 희게 정결케 된 자로 깨어나도록 회개의 길이 열린 것입니다.

하나님께서 우리의 모든 죄와 허물을 덮으시고 용서하심으로 우리는 죄의 길에서 의의 길로 가야 할 방향이 바뀐 것입니다. 그러므로 이제 우리에게 임한 축복의 삶을 온전히 찾도록 존귀하신 주님을 기쁨으로 맞이하고 회개하는 자가 되어야 합니다.

주님이 고난의 십자가를 지시고 홀로 당하신 희생은 우리에게 영생의 길을 열어주신 축복입니다. 그 은혜를 입고 이제 다시는 세상으로 돌아가지 않도록 진정한 회개로 깨어날 때입니다.

주님이 가신 십자가 고난의 길을 바라보면서 우리를 살리시려 내어주신 생명의 고귀함을 깨달아 그 사랑 안에 영원히 살기를 결단함으로 드리는 참회개가 되어야 합니다.

회개하는 자는 세상의 것이 모두 하늘의 것으로 바뀌는 놀라운 예수의 권세로 고통의 멍에를 벗고 살아가는 자입니다.

어두운 죄악에

　하나님 사랑 안에 살아가는 축복은 이제부터 영원까지 어두운 죄악에 눌리지 않는 자로 보호를 받도록 성령의 권능을 입고 살아가는 것입니다. 빛나는 면류관을 바라보는 소망의 길에서 더 이상은 어둠과 상관이 없도록 죄악의 세상에서 완전히 벗어나는 말씀의 능력을 얻은 자의 복된 삶입니다. 진리의 길을 인도하시며 생명으로 오신 주와 함께 걸어가는 영광의 길입니다.

항상 깨어서

　항상 깨어있는 삶은 구원받은 은혜로 다시는 땅에 속한 자가 되지 않도록 거룩함을 지키며 살아가는 것입니다. 십자가 위에 영원한 아름다움으로 살아있는 구원의 역사를 맞이하고 주님의 온전함을 입은 새 사람이 되도록 회개하는 자입니다. 다시는 세상의 구속을 받지 않도록 오직 성령의 인도를 따라가며 말씀 안에 살아가기 위해 하나님의 영으로 무장하는 자의 길입니다.

주인은 오직 하나님

　십자가 앞에 회개하고 거듭난 자로 살아가는 마음의 주인은 오직 하나님 한 분이어야 합니다. 하나님을 삶의 주인으로 모시는 자가 될 때 눈에 보이는 세상의 일과 보이지 않는 성령의 일을 분별할 수 있는 지혜의 눈이 열리기 때문입니다. 그 지혜는 성령의 권능으로 모든 것을 이기게 하는 아버지 마음입니다.

내가 곧 길이요 진리요 생명이니
나로 말미암지 않고는
아버지께로 올 자가 없느니라

[요 14:6]

"복음의 십자가 앞에 우리는 매일 어떤 결단을 해야 할까요?"

- 주님이 가신 길을 바라보고 예수의 마음을 닮아가도록 결단합니다. -

　예수님은 하나님의 아들이신 권세를 내어주셨습니다. 우리가 그 마음을 닮아가는 것은 자신의 유익을 바라지 않는 것이며, 주님 앞에서 서로 용납하는 지혜로 사랑을 나누는 것입니다.

- 주님이 이 땅에서 이루신 사랑의 진리 안에 살도록 결단합니다. -

　십자가의 진리는 완전한 사랑이므로 용서와 화해로 연합하는 의의 열매를 맺어야 합니다. 불순종의 자아를 가진 인간은 서로 연합할 수 없으므로, 순종의 자아를 회복하도록 말씀을 의지하고, 주의 사랑으로 모든 일을 행하도록 진리 안에 살아갑니다.

- 주가 보이신 생명의 길을 따라 십자가를 붙들도록 결단합니다. -

　십자가에서 주가 이기고 승리하신 고난은 사랑입니다. 곧 십자가를 붙들고 살아가는 것은 주님이 주신 생명 안에 능치 못함이 없는 능력을 믿고 살아가는 것입니다. 오직 예수의 이름 앞에 자신의 모든 마음을 내려놓고 주의 말씀에 순종하는 삶을 살도록 주가 보이신 생명의 길을 따라가는 자가 되는 것입니다.

기도하기를 쉬는 죄

예수를 믿는 자에게 주신 축복은 주의 사랑 안에 늘 거하면서 하늘의 영광을 위해 쉬지 않고 기도하는 은혜입니다. 즉 복음의 은혜를 지키기 위해 기도하기를 쉬는 죄를 범치 않도록 주님 앞에 돌려드릴 영광을 위해 깨어나야 합니다. 오직 믿음으로 승리하도록 성령을 따라 끝까지 주의 길을 가는 자의 삶입니다.

천국에서 큰 자

예수를 믿는 자의 가장 큰 소망은 오직 하늘에 있습니다. 그 소망은 세상에 얽매이지 않고 구별된 삶을 살도록 오직 성령의 도우심에 갈급한 자가 되는 것입니다. 천국에서 큰 자는 아버지의 보호 없이 살 수 없는 어린아이와 같이 항상 동행하기 위해 갈급한 심령으로 십자가를 바라보고 그 길을 따르는 자입니다.

주의 사람들을 위하는 사람

십자가를 지고 가는 자는 그리스도의 완전한 사랑을 들고 주의 사람들을 위하는 사람이 되어야 합니다. 주님이 주신 희생과 헌신의 길을 따르도록 사랑의 인내를 구하고, 그 능력 안에서 서로 돕고 하나가 되는 화평을 누려야 하기 때문입니다.

세상에서 시달리고 힘든 주의 백성들을 바라보시는 아버지의 마음으로 살아가는 자가 될 때, 하나님은 모든 것을 다 주십니다. 주님 나라를 지키는 사랑의 문지기가 되는 복된 길입니다.

3. 사·랑·의·십·자·가

그리스도
예수 안에 있는

생명의 성령의 법이 죄와 사망의 법에서

너를
해방하였음이라

[롬 8:2]

사랑의 십자가

복음 안에서 기뻐하는 감사와 평안
생명을 주신 사랑의 십자가

온 세상에 가득한 위로의 향기
예수의 마음을 품은 사랑의 십자가

주님 가신 그 길이 협착하여도
찾는 이가 없어도 나는 가리라

우리의 무거운 짐 대신 지시고
가벼운 멍에 주신 구주 예수님

어두운 세상 비추는 사랑의 십자가
하늘의 소망이 우리를 자유케 하리라

완전한 능력으로 채우시는 사랑의 십자가
순종의 날개 펴고 주님께 날아오르리

평안으로 내려온 사랑의 십자가
날마다 찬양하며 경배하리라

우리 위해 생명 주신 사랑의 십자가
그 십자가 나도 지고 따라가리라

영원한 그 나라에 평화 있으니
거룩한 곳 아버지의 집에 거하리

십·자·가·사·랑

사랑하는 자들아

하나님이
이같이 우리를 사랑하셨은즉

우리도
서로 사랑하는 것이 마땅하도다

[요일 4:11]

하나님의 자녀 된 우리 모두는 과연 자신에게 가장 소중한 것을 주님 앞에 아낌없이 내어드리는 결단으로 살아가나요?

하나님 아버지께서는 독생자 아들을 아낌없이 내어주신 긍휼하신 분입니다. 그 귀한 외아들을 통해 우리를 구원하셨으니 우리 안에 영원토록 주인으로 모시고 살아가야 합니다.

하늘의 하나님께 감사하라 그 인자하심이 영원함이로다 [시 136:26]

예수님은 빛의 길을 인도하시려 귀한 생명으로 어두운 세상 죄를 밝혀주셨습니다. 우리는 십자가를 바라보는 은혜의 눈으로 그 사랑을 깨닫고 오직 성령을 따라 살아가야 합니다.

이제 우리는 죄의 종이 아닌 그리스도의 종이기 때문입니다. 어둠의 자녀에서 빛의 자녀로 그 신분이 바뀐 은혜로 주의 길을 걸어가야 합니다. 우리 안에 있었던 어둠의 죄를 다 용서하시고 밝은 빛 가운데 거하게 하심으로, 주님께서 우리 안에 십자가의 거룩한 사랑을 완성해주셨기 때문입니다.

그런데 하나님의 아들이신 예수님은 왜 그토록 힘들고 외로운 고난의 길에서 우리의 죄를 위해 대신 십자가에 못 박혀 돌아가셔야 했을까요?

우리는 죄의 종이므로 스스로 용서받을 수 없었고 회개할 수 없었기 때문입니다. 결국 죄가 없으신 주님만이 우리의 죄를 대신 감당하실 분이셨기에 십자가를 지신 것입니다.

그래서 아버지를 멀리 떠난 자리에 있었던 우리가 다시 아버지께로 돌아가는 회개의 길을 맞이함으로, 결국 세상의 것에서 하늘의 것으로 신분이 다시 바뀔 수 있었던 것입니다. 자비하신 사랑의 하나님은 불순종하여 죄의 종이 된 우리를 그렇듯 한없는 자비로 용서해주신 분이십니다.

> 나 같은 죄인 살리신 주 은혜 놀라와
> 잃었던 생명 찾았고 광명을 얻었네

우리가 하나님의 자녀로 다시 돌아갈 수 있었던 것은 예수님이 십자가에 흘리신 보혈의 능력으로 다리가 놓였기 때문입니다. 그 다리를 통해 죄와 허물이 깨끗이 씻긴 것이며, 주님과 함께 십자가를 지도록 완전한 사랑을 입은 것입니다.

아버지가 내게 가르쳐 이르기를 내 말을 네 마음에 두라
내 명령을 지키라 그리하면 살리라 [잠언 4:4]

아버지의 소원은 우리가 십자가의 공로를 통한 진실한 회개로 하나님의 거룩하심을 온전히 입고 깨어나며 주님을 따라 십자가 사랑의 다리가 되어 세상에 나아가는 것입니다.

예수의 피로 우리가 구원을 받은 것은 죄인이었기 때문입니다. 만일 우리가 죄인이 아니었다면 그리스도의 십자가 사랑으로 죄 사함을 얻은 새 생명이 아닌 것입니다.

그렇듯 보혈의 은혜로 새 생명을 얻은 우리는 십자가에서 맺은 주님과의 언약으로 진정 소중한 하나님의 사람이 된 것입니다. 따라서 이전에 죄인이었던 옛 사람을 벗어버리고 십자가 보혈의 능력을 입은 새사람으로 깨어나야 합니다.

보혈의 능력으로 새사람이 되었음은 거룩한 그리스도의 옷을 입은 것입니다. 즉 용서받은 죄인으로 오직 예수님을 구주로 모시고 살아가는 거룩한 의의 백성이 된 것입니다.

죄에서 자유를 얻게 하신 보혈의 능력으로 그리스도의 옷을 입은 자의 은혜는 온전한 주의 것이 되었음을 믿는 확신으로 잠잠히 성령을 따라가는 것입니다. 날마다 일어나는 모든 일들이 오직 하나님의 주관하심을 따라 일어나는 역사임을 믿고 주님이 이끄시는 대로 살아가는 은혜와 평안입니다.

너는 여호와 네 하나님의 성민이라 네 하나님 여호와께서
지상 만민 중에서 너를 자기 기업의 백성으로 택하셨나니 [신 7:6]

이제 보혈의 능력으로 새 생명을 얻은 우리는 세상과 상관없는 하늘에 속한 자가 되었습니다. 하늘의 축복 가운데 사랑을 받기 위해 살아가는 주님 나라의 백성이 된 것입니다.

죄의 길을 떠나 의의 길을 걸어가는 은혜를 지키도록 주의 사랑을 가슴에 품고, 주님이 다시 살리신 새 생명을 감사하면서 주님의 참사랑으로 날마다 새롭게 가는 거룩한 길입니다.

사람들이 너를 일컬어
거룩한 백성이라 여호와의 구속하신 자라 하겠고
또 너를 일컬어 찾은바 된 자요
버리지 아니한 성읍이라 하리라 [사 62:12]

거룩한 삶을 위해 우리는 십자가 앞에 늘 기쁨으로 나아가야 합니다. 주 보혈의 능력으로 예수 안에 능치 못함이 없는 완전한 능력을 입었기 때문입니다. 이제 연약한 육의 인간이 아닌 하나님의 영으로 지혜를 얻은 영의 자녀가 되었습니다.

곧 우리는 아버지의 뜻 앞에 늘 순종하는 자녀로서 성령을 따라 쉬지 않는 기도로 살아가야 합니다. 하나님의 뜻을 찾기 위해 정결한 마음을 구하고, 낮은 곳에서 섬겨주신 주의 사랑을 닮아가도록 오직 헌신으로 베푸신 길을 따라갑니다.

십자가 보혈

좁은 문 좁은 길 사랑의 다리
구원의 새 생명 십자가 보혈
외로이 홀로 가신 그리스도 예수
주님의 참 사랑 십자가 보혈

그 사랑 흘러서 보배로운 피
그 평안 흘러서 은혜의 바다
주님과 하나된 거룩한 생명
하나님 백성으로 품어주셨네

용서받은 죄인 회개의 눈물
보혈의 능력으로 새 힘 주시리
소중한 생명 주신 십자가 보혈
주님이 베푸신 순종의 사랑

소중한 생명 주신 보배로운 피
오래 참고 기다리신 완전한 사랑
주의 피로 이룬 샘물 흘러넘치니
은혜와 진리의 강물 되리라

보혈의 능력으로 주의 평안이 흐르는 은혜를 입어야 합니다

주님은 우리에게 참 평안을 주시려고 세상에 오셨습니다. 십자가로 나아가는 우리는 보혈의 능력으로 주의 평안이 흐르는 은혜를 입어야 합니다. 세상에 빼앗기지 않을 하늘의 평안으로 세상의 모든 아픔과 고통을 이기는 은혜입니다.

주님은 우리가 캄캄한 죄의 길에 시달려 지쳐있을 때 그 자리까지 내려오신 분입니다. 높고 높은 영광의 자리에서 낮고 낮은 곳까지 내려오셔서 고난의 십자가를 지시고 그 죄를 감당하셨습니다. 그 누구도 대신 갈 수 없는 길입니다.

구원받은 은혜로 살아가는 것은 거룩한 주의 길을 온전히 따르도록 회개의 영으로 깨어나 감사와 찬양으로 영광을 돌리는 것입니다. 주님이 가신 그 길을 바라보고 온 맘과 정성을 다해 주를 섬기도록 하나님을 경배하는 자의 삶입니다.

여호와께서 내게 주신 모든 은혜를 무엇으로 보답할꼬 [시 116:12]

십자가 위에 아름답게 피어날 하나님의 백성으로 주의 영광이 나타날 그 자리에 은혜로 나아가는 것이며, 거룩한 하나님 나라를 찬양하는 아름다운 자녀로 살아가는 것입니다.

주님이 하시는 일을 믿음으로 바라보는 것은 오직 감사함으로 주신 자리에서 성령을 따라가는 것이며, 십자가 은혜를 입은 자로 나아가 기쁨으로 주님께 영광을 돌리는 것입니다.

내가 구원의 잔을 들고 여호와의 이름을 부르며
여호와의 모든 백성 앞에서 나의 서원을 여호와께 갚으리로다

[시 116:13-14]

그리스도의 마음을 헤아리는 지혜를 얻도록 기도해야 합니다. 지금까지 주신 모든 것을 바라보고 주께서 먼저 심어놓으신 사랑과 은혜를 깨달아 기쁨으로 깨어나기 위함입니다.

하나님은 우리에게 있어야 할 것과 없어야 할 것의 유익을 바라보시며, 삶의 형편을 가장 좋은 길로 인도해 주십니다. 그 믿음의 확신으로 잠잠히 따라갈 때 평안이 내려옵니다.

우리 마음속에 흐르는 하늘의 참 평안은 변하지 않는 주의 사랑을 구하는 것입니다. 언제나 동일한 사랑과 은혜로 우리 안에 살아계신 하나님을 모심으로 세상이 줄 수 없는 평안을 지키기 위한 길입니다. 오직 성령의 감동을 의지하여 마음의 평안을 얻고 늘 기쁨을 누리며 살아가는 은혜입니다.

4. 기·도·의·십·자·가

주께서
생명의 길로 내게 보이셨으니

주의 앞에서

나로
기쁨이 충만하게 하시리로다

[행 2:28]

기도하며 가는 길

독생자 예수님 사랑의 선물
우리 죄 씻어주신 거룩한 희생
기도하며 가는 길 감사하리라

하나님 아버지의 한없는 사랑
모든 것 용서하신 끝없는 사랑
기도하며 가는 길 회개하리라

유혹과 욕심의 옛 사람 벗고
성령과 말씀으로 새로운 우리
기도하며 가는 길 평화 있으리

부르신 소망 감사의 기도
샘솟는 기쁨 은혜의 소원
주님의 마음 사랑의 향기

성령의 강물 흘러넘치는 평강
한 줄기 빛으로 모이는 소망
첫 사랑 찾아 기도하며 가는 길

흰 눈보다 더 희게 정결한 마음
성령의 은혜로 베푸시는 사랑
날마다 주와 함께 기도하며 가는 길

기·도·생·활·의·힐·링

너는
기도할 때에

네 골방에 들어가 문을 닫고
은밀한 중에 계신 네 아버지께 기도하라

은밀한 중에 보시는
네 아버지께서 갚으시리라

[마 6:6]

주의 뜻만을 따르도록 결단하는 기도생활

십자가 사랑은 예수 안에 불가능이 없는 완전한 능력입니다. 말씀에 순종하는 기도생활은 예수 십자가의 보혈을 의지하여 오직 주님의 뜻만을 따르도록 결단하는 삶입니다.

주의 뜻만을 따르도록 결단하는 기도생활은 하나님 뜻에 순종하신 주님의 삶을 인도합니다. 하지만 모든 생각은 자신의 뜻을 먼저 따르게 합니다. 그러므로 자신의 뜻을 내려놓기 위해 생각을 온전히 비우는 기도생활이 정말 중요합니다.

그런데 생각을 비우고 내려놓는 일은 정말 어렵습니다. 따라서 말씀의 능력을 의지하는 순종으로 생각의 방향이 바뀌어야 합니다. 자신의 힘으로는 도저히 할 수 없음을 매순간 깨닫고 성령께 온전히 내어드리기 위한 기도생활을 해야 합니다.

> 너는 기도할 때에 네 골방에 들어가 문을 닫고
> 은밀한 중에 계신 네 아버지께 기도하라
> 은밀한 중에 보시는 네 아버지께서 갚으시리라 [마 6:6]

성령의 주관하심을 온전히 따라가는 기도생활은 주님의 마음으로 살아가는 은혜의 길로 인도하며, 모든 것을 가능케 하시는 예수의 이름 앞에 삶의 문제를 회복하는 생활입니다.

하나님의 영으로 지혜를 구하는 기도생활

하나님의 영으로 지혜를 구하는 기도생활은 모든 순간마다 다가오는 문제 앞에서 오직 성령을 따라가는 믿음으로 평안을 지키는 것입니다. 성령의 인도 가운데 주님의 지혜를 얻고 세상을 바라보는 영적인 눈이 활짝 열리기 때문입니다.

성령으로부터 내려오는 지혜를 얻는 것은 먼저 현실에 대한 자신의 계획과 방법을 모두 내려놓는 것입니다. 만일 성령의 인도를 통한 영적인 시각으로 바라볼 수 없다면 자신의 생각과 마음으로 모든 일을 계획하고 진행하는 것입니다.

즉 하나님의 지혜는 인간의 시각이 깨끗이 비워진 그 자리에 은밀히 내려오는 성령의 감동입니다. 그때 비로소 하나님의 온전하신 뜻을 분별하는 영적인 눈이 열리는 것입니다,

오직 마음을 새롭게 함으로 변화를 받아
하나님의 선하시고 기뻐하시고 온전하신 뜻이
무엇인지 분별하도록 하라 [롬 12:2]

하나님의 영으로 구하는 기도의 확신은 주님이 주신 평안을 찾는 길입니다. 곧 어떤 문제 앞에 있더라도 성령께서 바라보시는 마음의 지혜로 용기를 얻도록 정과 욕심을 버리고 기쁨과 평안을 얻기에 힘쓰는 기도생활을 이루어갑니다.

예수님의 마음을 품고 살아가는 기도생활

하나님은 우리가 미처 깨닫지 못하는 것을 미리 아시고 있어야 할 것과 버려야 할 것을 바르게 정하도록 인도하시는 참 좋으신 분입니다. 삶의 어려운 순간마다 제일 좋은 길로 이끄시어 가장 유익한 삶을 살도록 지켜주시는 분입니다.

**주께서 생명의 길로 내게 보이시리니 주의 앞에는 기쁨이 충만하고
주의 우편에는 영원한 즐거움이 있나이다** [시 16:11]

하나님 자녀는 하늘에 속한 자의 영광으로 세상을 다스리는 자가 되어야 합니다. 하나님께서 그 귀한 독생자 예수님을 이 땅에 보내주신 사랑이 너무나 놀랍고 크기 때문에, 그 사랑의 능력으로 세상의 모든 것을 감당할 수 있는 것입니다.

십자가를 지신 주님이 먼저 모든 고난을 다 감당하셨으므로 믿는 자에게는 그 사랑과 권능이 임한 것입니다. 그러므로 예수님의 마음을 품고 살아가는 기도생활을 해야 합니다.

우리의 모든 허물을 용서하신 주님의 마음을 품고 우리도 다른 사람의 모든 문제를 용서하는 마음을 기도해야 하며, 주가 대신 고난 받으신 희생의 마음을 배워서 다른 사람을 위해 헌신할 수 있는 마음을 얻는 기도생활을 해야 합니다.

주님과의 화평을 구하는 기도생활

주님과의 화평은 세상의 죄악과 멀어지는 선한 마음입니다. 이에 하나님 백성은 주님과의 화평을 구하는 기도생활로 세상이 주는 죄와 싸워 이기고 승리하는 자가 되어야 합니다.

사랑엔 거짓이 없나니 악을 미워하고 선에 속하라 |롬 12:9|

세상의 죄와 싸우는 영적인 힘은 전쟁을 승리로 이끄신 주님께 우리 삶의 전부가 구속될 때 강건해집니다. 마음의 중심이 오직 아버지를 향해 있어 전능하심에 맡겨드리는 자는 말씀을 의지하고 성령을 따라 살아감으로 주님과의 화평을 얻습니다.

할 수 있거든 너희로서는 모든 사람으로 더불어 평화하라 |롬 12:18|

죄인을 부르신 주님 앞에 온전한 회개로 나아가도록 용서받은 죄인으로 하나님과의 새로운 관계를 회복해야 합니다. 주님과의 화평을 지키는 기도생활입니다. 따라서 주님과의 화평으로 선한 마음을 지키며 모든 사람들과 주의 사랑을 나누는 평화로운 관계를 맺도록 힘써서 기도해야 합니다.

주님은 원수 된 우리를 다시 자녀 삼으신 완전한 사랑을 주셨으므로 그 사랑을 전하는 자로 살도록 기도해야 합니다.

영적으로 깨어서 호흡하는 기도생활

인간을 흙으로 빚으신 하나님은 코에 생기를 넣어주심으로 주님과 교통하는 생명의 길을 열어주셨습니다. 그러므로 영적으로 깨어서 호흡하는 기도생활로 하나님과의 온전한 교제를 이루도록 날마다 주를 찬양하는 마음을 드려야 합니다.

호흡이 있는 자마다 여호와를 찬양할지어다 할렐루야 [시 150:6]

영적인 생활에 대한 믿음의 간구로 매 순간 숨 쉬듯 주님과 기도로 호흡하면서 성령의 이끄심을 받는 자가 되어야 합니다. 믿음의 간구는 보혈의 길을 찾아가는 호흡입니다.

말씀의 능력으로 깨어나는 성령의 사람으로 살아갈 때 영의 생수를 공급받습니다. 영의 생수는 목마른 영혼을 살피시는 주님께서 말씀의 은혜로 부으시는 성령의 단비이며, 영적으로 깨어 살아가도록 은혜의 확신으로 내려오는 빛입니다.

육에 속한 사람은 하나님의 성령의 일을 받지 아니하나니
저희에게는 미련하게 보임이요 또 깨닫지도 못하나니
이런 일은 영적으로라야 분변함이니라 [고전 2:14]

하나님과 가까이 교제하는 기도생활은 성령의 길을 인도하며, 주님 마음을 온전히 깨닫고 따르는 자로 이끌어줍니다.

주·님·이·가·르·쳐·주·신·기·도

기도를

항상 힘쓰고

기도에 감사함으로 깨어 있으라

[골 4:2]

아버지의 거룩하심을 따라

주의 거룩하심을 입은 그리스도인은 세상의 죄악과 완전히 구별된 자로 살아가야 합니다. 주님께서 희생의 제물 되시어 악한 세상에 하나님의 선하신 나라가 임했기 때문입니다. 그러므로 우리를 위해 십자가에 죽으시고 부활하신 주님의 이름을 거룩히 여기는 하나님 백성의 길을 걸어가야 합니다.

하늘에 계신 우리 아버지여
이름이 거룩히 여김을 받으시오며 [마 6:9]

예수 십자가의 공로에 힘입어 새 삶을 얻은 우리는 무한한 사랑을 주신 은혜에 감사하는 삶을 드려 아버지의 이름을 거룩히 높여드리는 자가 되어야 합니다. 참 생명을 얻은 기쁨의 마음으로 세상을 바라보고 그 사랑을 전하는 자가 되기 위해 성령을 따라 온전히 기도하며 살아가는 것입니다.

하늘나라가 이 땅에 임하여

하나님께서 예수님을 이 땅에 보내신 뜻은 하늘나라가 이땅에 임하여 구원 받은 하나님 백성들이 주님을 기뻐하고 경배하면서 하늘의 소망으로 살아가도록 인도하기 위한 것입니다.

그리스도 사랑으로 구원받은 주의 백성들을 통하여 평화의 나라가 세워지고 하늘의 뜻이 이루어짐으로, 하나님께서 영광의 기쁨을 받으시도록 늘 깨어서 기도하는 자가 되어야 합니다.

나라이 임하옵시며 뜻이 하늘에서 이룬 것같이
땅에서도 이루어지이다 [마 6:10]

하나님 백성을 향한 하늘의 모든 권세가 예수님을 통해 이 땅에 내려왔습니다. 이제 주님과 함께 누리는 영생복락의 면류관을 가슴에 품고 아버지께 존귀한 삶을 이루어드리도록 늘 기도에 힘써야 합니다. 주님을 모시고 성령의 인도 따라 매일 기쁘게 살아가는 아름다운 그리스도인의 길입니다.

우리의 모든 삶을 주관하시는 아버지

하나님 백성은 먹든지 마시든지 주를 위해 행하며, 오직 말씀을 의지하는 진실한 자녀가 되어야 합니다. 우리의 모든 삶을 주관하시는 아버지 뜻을 온전히 따르기 위해 하늘의 소망을 바라보고 그 길을 가는 것입니다. 곧 악한 세상에 한 순간도 마음을 빼앗기지 않도록 말씀으로 깨어서 성령을 따라가야 합니다. 영적인 무장으로 주님을 의지하고 싸워나갈 때입니다.

오늘날 우리에게 일용할 양식을 주옵시고 [마 6:11]

신실하신 주님의 길을 가는 것은 모든 순간을 성령과 동행함으로 오직 그리스도의 마음을 품고 살아가는 것이며, 십자가 고난을 통해 담대히 주님을 따르는 자 되어서 주님께 영광을 돌려드리고 기쁨을 나누도록 기도로 나아가는 것입니다.

날마다 필요한 양식을 하나님으로부터 공급받는 은혜로 주님이 항상 풍족히 베풀어주심을 감사하고, 삶의 어떤 부분도 근심하지 않으며 온전히 맡기고 따라가는 평안의 길입니다.

우리를 용서하신 완전한 사랑의 지혜로

우리는 구원받은 자녀로서 하나님의 거룩하신 사랑을 입고 다시 태어났습니다. 그 은혜로 이제 죄에 속한 자가 아니며 하늘의 소망을 따르는 은혜의 확신으로 새로운 사람입니다.

어떤 고난이나 핍박이 다가와도 십자가를 의지하는 주님의 은혜로 주어진 상황의 모든 것을 용납하도록 기도해야 합니다. 세상을 이기는 예수님의 권세로 진실한 사랑을 나누면서 주님의 지혜와 용기를 얻는 자로 살아가야 합니다.

우리가 우리에게 죄 지은 자를 사하여 준 것같이
우리 죄를 사하여 주옵시고 [마 6:12]

십자가 사랑은 무거운 짐을 대신 감당하는 희생의 수고입니다. 곧 죄에 속한 자가 아닌 주의 거룩하심으로 다시 태어난 은혜의 길을 가면서 새로운 소망을 찾아가는 것입니다.

예수님께서 고난의 십자가를 지신 것은 우리의 죄를 온전히 다 용서하시려 죄를 대신 짊어진 것이며, 우리가 주님으로부터 섬김을 받았으므로 그 섬김을 들고 다시 세상에 나아갈 때 하나님이 크신 영광을 받아주시는 것입니다.

이제 우리는 영광의 주님을 모시고 살아가는 자로 십자가의 진실한 사랑을 마음에 품고 나아가도록 기도해야 합니다. 이웃의 모든 문제를 통해 주님의 사랑으로 하나 되는 연합의 기회로 삼을 수 있도록 서로 용서하면서 주님의 마음을 닮아가는 것입니다. 주님이 우리에게 주신 생명의 소중함을 깨달아 어려운 이웃의 삶을 돌아보아야 합니다.

또한 주의 길을 온전히 따르도록 입장과 권한을 버리고 낮은 곳으로 내려갈 때입니다. 십자가 죽음에 동참하는 길을 가도록 정과 욕심을 십자가에 못 박고 오직 주의 일하심을 따르도록 몸과 마음을 다 내어드리는 삶을 위해 기도해야 합니다.

세상 권세를 내려놓고 하늘의 권세로 승리…

세상을 구원하신 예수의 공로는 자기부인의 섬김으로 고난의 십자가를 지시고 사랑을 완성하신 역사입니다. 그 길에 부름 받은 우리는 세상의 모든 유혹과 시험을 이기도록 주님의 고난에 동참하는 기쁨의 확신

을 얻어야 합니다. 주님이 가신 길을 온전히 따라가도록 기도하며 살아가야 합니다

우리를 시험에 들게 하지 마옵시고 다만 악에서 구하옵소서 [마 6:13]
(나라와 권세와 영광이 아버지께 영원히 있사옵나이다 아멘)

아버지의 뜻을 좇아 살아가는 것은 주님의 순종을 배워서 평안을 누리는 것입니다. 시험에 드는 것은 자신의 뜻을 내려놓지 못하고 힘들어지는 것이기 때문입니다. 아버지의 뜻을 놓치는 순간 우리는 바로 죄의 길에 들어섭니다. 그러므로 아버지의 뜻을 붙들고 온전히 따르도록 기도해야 합니다.

잠잠히 십자가를 바라보고 알려주시는 뜻을 깨닫는 기도는 그 길을 인도하시는 주님의 마음을 알도록 하늘의 지혜를 구하는 것입니다. 오직 아버지의 뜻에 순종하신 주님의 기도를 따라 승리의 십자가를 지고 따라가는 기도의 생활입니다.

너희가 사람의 과실을 용서하면
너희 천부께서도 너희 과실을 용서하시려니와
너희가 사람의 과실을 용서하지 아니하면
너희 아버지께서도 너희 과실을 용서하지 아니하시리라 [마 6:14-15]

아름다운 기도

귓가에 맴도는 십자가 말씀으로
세상을 뒤로 할 용기를 내었지만
결단하지 못했음을 고백합니다

세상 즐거움과 세상 자랑을 다 버리려 했지만
욕심으로 물든 죄의 고통에 시달려야 했습니다

혈과 육의 싸움으로
얼룩진 마음에 아픈 상처가
어찌할 바를 모르고 갈 길을 찾지 못해 방황해야 했습니다

십자가 앞에 떨림으로 나아가
무릎 꿇고 엎드려 간구하는 심령이 되었을 때
성령의 바람 속에 들리는 주의 음성

내가 너를 진정 사랑하노라
내가 너를 오래도록 기다렸노라

이제 주님을 만난 기쁨의 확신으로 나아갑니다
오직 주님의 소망을 부르짖는
아름다운 기도가 되었습니다

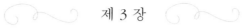

제 3 장

승·리·의·길

누구든지
그리스도 안에 있으면 새로운 피조물이라

이전 것은 지나갔으니

보라
새 것이 되었도다

[고후 5:17]

회복의 선물

조용히 다가오는 그리스도의 향기
우리 위해 예비하신 회복의 선물

그 분의 깊은 마음 은혜의 바다
어두움 밝히시는 소망의 빛

문 밖에서 두드리시는 은밀한 사랑
주님의 마음은 성령의 불꽃

고요히 들려오는 사랑의 속삭임
끌어안고 보듬으시는 위로와 평안

예수님 품속에서 생명의 호흡
평화롭게 숨 쉬는 영원한 기쁨

자비하신 하나님 마음을 느끼세요
사랑입니다

겸손하신 예수님 순종을 따르세요
소망입니다

온유하신 성령님 은혜를 품으세요
믿음입니다

1. 하·늘·의·축·복

내가
선물을 구함이 아니요

오직
너희에게 유익하도록

과실이
번성하기를 구함이라

[빌 4:17]

첫사랑의 회복

힐링은 우리 마음 깊은 곳에 깨어나야 할 진실한 사랑의 열매가 맺히는 회복입니다. 즉 어두움 속에 밝은 빛이 들어와 소망을 비추는 하늘의 축복이 임하는 것이며, 주님의 나라가 임하도록 하늘의 기쁜 소식이 내려오는 것입니다.

힐링은 어두움 속에서 볼 수 없었던 곳에 빛이 들어와 잃어버렸던 마음의 힘을 다시 찾고 기뻐하는 것입니다. 오래도록 기다렸던 마음의 소원이 이루어지는 반가운 만남이며, 헌 것으로 약하고 낡아서 힘이 없었던 것이 사랑의 능력으로 다시 살아나 불가능을 가능케 하는 첫사랑의 회복입니다.

그리스도께서
약하심으로 십자가에 못 박히셨으나
오직 하나님의 능력으로 살으셨으니
우리도 저의 안에서 약하나
너희를 향하여
하나님의 능력으로 저와 함께 살리라

[고후 13:4]

힐링은 창조의 시작으로 완성되었던 아름다운 탄생의 빛이 다시 새롭게 재창조되어 하나님 나라에 들어가는 구원의 축복이며, 첫사랑의 기쁨을 다시 찾는 진정한 회복입니다.

하·나·님·작·품

나는
포도나무요 너희는 가지니

저가 내 안에, 내가 저 안에 있으면

이 사람은
과실을 많이 맺나니

나를
떠나서는 너희가 아무것도 할 수 없음이라

[요 15:5]

하늘에서 내려오는 놀랍고 반가운 기쁜 소식을 들었나요?
그 소식은 세상에서 제일 아름다운 선물을 알려줍니다.
고귀한 선물 안에 들어있는 기쁜 소식은 구원입니다.

구원은 진리와 생명으로 인도하는 길이며, 예수님을 통해서 아름답게
만드신 하나님 작품으로 들어가는 영생의 문입니다.

하나님 작품은…
세상에서 찾을 수 없는 가장 고귀하고 소중한 선물입니다.
세상이 감당하지 못해 두려워하는 하늘에 속한 것입니다.
주님께서 항상 눈동자같이 보호하시고 지키시는 것입니다.
곧 하나님의 종이며, 자녀이며, 신부이며, 친구입니다.

하나님 아버지께서 천하보다 귀하게 여기시는 한 영혼!
그 귀한 작품이 바로 당신이며, 또한 우리입니다.
그렇게 존귀한 생명을 얻은 우리는 거룩한 백성입니다.
사랑받기 위해 이 땅에 태어난 소중한 존재입니다.

이제 우리는 그 귀한 소식을 듣고 전하고 나누어야 합니다. 세상에서
가장 아름다운 기쁜 소식이기 때문입니다. 그 소식은 세상이 따를 수 없
는 하늘나라의 믿음, 소망, 사랑입니다. 하나님께서 인간을 흙으로 빚으
셔서 작품을 만드신 것은 예수의 향기를 담는 정결한 그릇으로 삼아주
신 축복입니다.

주님은 그 정결함 속에 하나님의 영을 채워주셔서 아버지의 영광을 나
타내는 아름다운 빛을 발하게 하셨습니다.

너희 속에 하나님의 영이 거하시면 너희가 육신에 있지 아니하고
영에 있나니 누구든지
그리스도의 영이 없으면 그리스도의 사람이 아니라 [롬 8:9]

주님의 자녀는 아버지를 영화롭게 하는 자로서 하나님의 영을 좇아 살아가도록 영광의 빛을 얻었습니다. 하지만 하나님의 뜻에 불순종한 자녀는 그 영광의 빛을 잃었습니다.

죄를 인하여 자기 아들을 죄 있는 육신의 모양으로 보내어
육신에 죄를 정하사 [롬 8:3]

빛을 잃은 자녀들을 위해 하나님은 예수님을 죄의 형체로 이 땅에 보내셔서 육신에 죄를 정하도록 하셨습니다. 그리스도의 영을 좇아 행함으로 율법의 요구가 이루어지도록 계획하심으로, 밝은 진리의 길이 다시 열린 것입니다.

그래서 우리는 예수님을 통해서 다시 아름답게 만들어진 하나님의 작품입니다. 그러므로 이제 육신의 생각을 버리고 하나님의 법에 굴복하며 살아가는 자녀가 되어야 합니다.

주님을 통해 거듭난 새 생명으로 날마다 새로워지기 위해 주님 계신 평화의 십자가를 따라 한 걸음씩 걸어갈 때입니다.

하나님 작품

복음 안에 새로운 생명 있으니
십자가 보혈로 자유케 되리

예수님을 통해서 아름답게 만드신
우리는 하나님의 작품이리라

복음의 십자가 주님의 희생
우리 위해 예비하신 하늘의 선물

고난의 십자가 그 길을 향해
날마다 회개하며 두 손 들리라

십자가 군병 주 위해 일하니
세상이 놀라서 두려워 떠네

세상을 이기는 담대함으로
세상 유혹 시험을 물리치리라

성령의 권능으로 싸워 이기고
거룩하신 하나님께 영광 돌리리

주님의 보혈 십자가 공로
오늘도 새로운 주의 십자가

세상을 다스리는 거룩한 백성
예수의 이름으로 승리하리라

언·약·의·사·랑

일어나라 빛을 발하라

이는
네 빛이 이르렀고

여호와의
영광이 네 위에 임하였음이니라

[사 60:1]

가장 큰 사랑은 자신이 제일 아끼는 것까지도 아낌없이 내어주는 진정한 헌신입니다. 그렇다면 그 무엇보다 가장 큰 사랑은 우리를 위해 친 아들을 보내주신 하나님의 사랑이며, 십자가에 생명까지 내어주신 주님의 사랑입니다. 우리는 그토록 귀중한 그리스도의 사랑으로 행복을 얻은 자녀입니다.

그리스도께서 우리를 위하여 죽으심으로
하나님께서 우리에게 대한
자기의 사랑을 확증하셨느니라 [롬 5:8]

이제 우리는 십자가에서 완성된 언약의 사랑으로 어둠의 길을 벗어나 구원의 삶을 만나야 합니다. 주님께서 사랑으로 오셔서 모든 것이 회복되는 그 길을 인도하셨기 때문입니다.

우리의 영혼은 주께서 십자가에서 흘리신 보배로운 피의 능력으로 흰 눈보다 더 희게 정결하게 씻기었습니다. 온 몸과 영혼이 죄악에서 벗어나서 잃었던 광명을 다시 찾았으며 주님의 영광을 얻는 거룩한 자리에 다시 들어간 것입니다.

우리의 모든 죄와 허물을 덮어주신 주의 사랑 앞에 돌려드려야 할 감사는 세상에서 가장 귀한 생명을 얻은 자가 되었음을 확신하는 은혜입니다. 지극히 작은 한 마리의 잃어버린 양을 다시 찾기까지 헌신의 사랑으로 모든 것을 다 쏟아주신 주님 앞에 가장 귀히 여김을 받는 자가 되는 것입니다.

십자가 사랑으로 온전히 회복하는 길은 옛 사람을 모두 다 버림으로 새 생명을 얻은 믿음의 사람으로 깨어나는 것입니다. 구원받은 은혜의 확신으로 십자가 앞에 회개하고 새사람이 되었음을 감사하는 자로 하나님께 나아가는 것입니다.

> 우리 옛 사람이 예수와 함께 십자가에 못 박힌 것은
> 죄의 몸이 멸하여
> 다시는 우리가 죄에게 종노릇 하지 아니하려 함이니 [롬 6:6]

하나님이 가장 기뻐하시는 믿음의 사람은 죄에서 자유를 얻게 하신 보혈의 능력을 찬양하고, 십자가 사랑을 주신 은혜로 온 몸과 영혼을 주님께 온전히 내어드리는 자입니다.

죄의 몸이 변하여 하나님의 영으로 새로워진 그리스도의 몸을 체험하는 말씀으로 깨어나며, 모든 일에 감사와 찬양으로 영광을 돌리는 즐거움으로 살아가는 주님의 사람입니다.

> 내가 문 밖에 서서 두드리노니 누구든지 내 음성을 듣고 문을 열면
> 내가 그에게로 들어가 그로 더불어 먹고,
> 그는 나로 더불어 먹으리라 [계 3:20]

주의 영광 안에 거하도록 영의 생각을 구하는 지혜로 생명과 평안을 지키는 성령의 삶을 따라가며, 정성껏 기도하면서 신령과 진정으로 예배하는 삶을 드리는 자가 되는 것입니다.

언약의 사랑

우리를 위한 언약의 사랑
그 은혜 사모하는 언약의 일꾼

그 분의 심정은 고요한 기다림
문 밖에 계시며 지키시는 분

진리의 말씀에 따뜻한 위로
곤한 영혼이 편히 쉬리라

하나님의 긍휼하신 사랑을
온 맘 가득 품고

예수님의 온유하신 마음을
가슴 깊이 구해서

성령님의 따스한 숨결을
순간마다 느낀다면

십자가 언약으로 맺은 사랑의 길을 따라
주와 함께 날마다 승리하며 가리라

구·원·의·문

주의
구원의 즐거움을

내게
회복시키시고

자원하는 심령을 주사
나를
붙드소서

[시 51:12]

구원의 문으로 들어갈 때 우리는 연약함을 벗고 강건함을 입은 새로운 자입니다. 성령의 도우심을 얻고 할 수 없는 일을 하면서, 갈 수 없는 길을 가는 놀라운 일을 맞이합니다.

예수님이 이루신 구원의 사랑을 통해 성령을 받은 자로 살아갈 때, 우리의 헌 것은 주님의 새것으로 변화되고, 오직 성령과 함께 주의 길을 따르는 자로 승리의 길을 갑니다.

구원받은 자에게 내리는 하늘의 지혜는 메마른 마음을 풍요롭게 하고 험한 세상을 평탄하게 가는 길을 인도해줍니다.

내가 곧 길이요 진리요 생명이니
나로 말미암지 않고는
아버지께로 올 자가 없느니라 [요 14:6]

구원의 문으로 들어간 하나님 백성은 세상의 무거운 짐을 다 지고 가신 주님 앞에 나아가며, 우리가 풀어야 할 짐도 다 내어 드리고 주님 계신 평화의 나라에서 함께 살아가는 것입니다.

죄악의 세상을 멀리 떠나 이전과는 전혀 다른 새로운 빛의 길을 가면서 성령의 이끄심을 따라 내려오는 말씀의 능력을 입고 치유와 회복이 일어나는 십자가의 길을 걸어가는 것입니다.

하지만 세상의 많은 일들은 구원의 문을 열지 못하도록 은혜를 빼앗아 가고 주님과 멀어지게 합니다. 따라서 죄악에 시달리게 하는 유혹과 시험을 이기도록 말씀을 통한 영적 무장으로 세상의 즐거움을 버리고 구원의 문을 지키는 자가 되어야 합니다.

영적 무장은 십자가 사랑의 말씀을 의지하므로 담대한 능력을 얻고 세상의 모든 것을 이기는 사람이 되는 것입니다.

누구든지 그리스도 안에 있으면 새로운 피조물이라
이전 것은 지나갔으니 보라 새것이 되었도다 [고후 5:17]

세상의 고난을 감당하신 예수의 사랑 안에서 새로 태어나 고통의 멍에를 벗고 자유함을 누리는 사람이 되는 것입니다. 매순간 다가오는 현실의 문제로 무거운 짐을 지지 않도록 주님의 위로와 평안을 얻는 말씀으로 살아가는 것입니다.

보혈의 능력을 입고 세상의 그 어떤 것에도 얽매이지 않는 영적인 무장으로 그리스도의 마음을 가슴에 품는다면, 성령의 인도를 따라가는 자로 온전한 자유와 기쁨을 누릴 것입니다.

하나님께서 그리스도 안에 계시사 세상을 자기와 화목하게 하시며
저희의 죄를 저희에게 돌리지 아니하시고
화목하게 하는 말씀을 우리에게 부탁하셨느니라 [고후 5:19]

예수의 피를 나눈 자는 죽을 생명을 살리신 구원의 은혜로 십자가 고통을 감당하신 예수님의 보배로운 피의 능력을 의지하며 살아갑니다. 사랑의 말씀 안에서 늘 화목하게 지내며 세상이 감당 못하는 자로 하나님의 일을 하는 사람입니다 십자가 구원을 받은 자는 세상의 모든 것을 내려놓음으로 먼저 하나님과의 관계를 온전히 회복하게 됩니다. 우리와 하나님과의 사이에 예수님께서 생명의 다리가 되어주셨으므로 오직 하나님과 온전히 연합한 자로서, 십자가 사랑 안에서 불가능이 없는 자로 승리의 삶을 이루어가는 것입니다.

그러므로 구원을 받은 자는 그 어떤 것도 하나님과의 사이에 들어오지 않도록 허락하지 않는 믿음을 지켜야 합니다. 하나님과 가장 가까이 있어 늘 깨어나는 하늘의 지혜로 하나님의 것과 세상 것을 분별하여 지키는 자로 살아갑니다.

주의 백성에게 그 죄 사함으로 말미암는 구원을 알게 하리니
이는 우리 하나님의 긍휼을 인함이라
이로써 돋는 해가 위로부터 우리에게 임하여
어두움과 죽음의 그늘에 앉은 자에게 비취고
우리 발을 평강의 길로 인도하시리로다 하니라 [눅 1:77-79]

구원받은 자는 십자가 사랑으로 주님과의 관계를 회복하고 구하는 것마다 성령의 능력으로 승리하는 놀라운 길을 갑니다. 구원의 문에서 하늘의 도움을 회복하는 자의 복된 길입니다.

구원의 문

세상 어둠이 몰려와 캄캄하여도
하나님만 바라보는 고요한 심령
구원의 문을 향한 하늘의 소망

실망과 절망으로 힘을 잃어도
아버지 사랑으로 용기를 다해
회개하는 고요한 심령이리라

지치고 찢긴 아픔 젖어들 때에
모든 허물 덮으시는 한없는 위로
아버지 마음으로 승리하리라

십자가로 가까이 보혈의 선물
구원의 문 들어가 회복하려네
사랑의 빛 비추는 주의 십자가

그리스도 사랑 안에 숨 쉬는 생명
주님 품에 영원히 거하리라
천국 길로 달려가는 구원의 문

하·늘·의·향·기

주의

백성을 구원하시며

주의

산업에 복을 주시고

또 저희의

목자가 되사 영원토록 드십소서

[시 28:9]

우리가 이 땅에 살아가는 동안 매일의 삶에서 가장 큰 소망으로 다가오는 하늘의 향기는 무엇이어야 할까요?

그것은 바로 십자가 사랑으로 새 생명을 주신 복음 안에 살아가는 하늘의 축복입니다. 그 향기는 곧 세상의 모든 고난을 이겨내는 능력을 부어주며, 죄에서 자유를 얻는 구원의 기쁨과 평안으로 주님과 동행하는 삶을 인도해줍니다.

즉 예수 안에서 참 평안을 얻고 새 하늘과 새 땅에서 누릴 영원한 축복을 바라보는 소망이며, 세상의 모든 문제에서 벗어나 주가 주시는 진정한 기쁨으로 무장하는 지혜입니다.

주 안에서 항상 기뻐하라
내가 다시 말하노니 기뻐하라 [빌 4:4]

십자가 공로를 바라보고 하늘의 기쁨을 얻는 자로 살아가는 소망은 온 맘으로 주를 찬송하며 기도하는 영적 예배로 나아가는 것입니다. 하늘의 축복으로 주의 평화를 지키는 겸손한 마음으로 기도하고, 어떤 문제 앞에서도 낙심하지 않는 담대함으로 시련의 고통을 이겨내는 자의 복된 길입니다.

우리가 환난 중에도 즐거워하나니
이는 환난은 인내를, 인내는 연단을,
연단은 소망을 이루는 줄 앎이로다 [롬 5:3-4]

세상 유혹은 세상 속으로 점점 더 깊이 빠져들게 하여 걱정과 근심에 쌓이게 하므로 결국 메마른 심령이 되게 합니다. 세상 것에 얽매이는 마음을 속히 모두 내려놓아야 합니다.

세상 것을 잡고 있으면 하늘의 것은 더욱 멀어집니다. 결국 두 가지를 동시에 가질 수 없으므로, 하늘의 향기를 소망하는 용기로 세상 것이 싫어지도록 끊는 결단을 해야 합니다.

하나님은 세상을 뒤로 하고 하늘의 것을 간구할 때 풍성하게 채워주시는 분입니다. 우리 마음을 늘 감찰하시며 우리가 알지 못하는 것까지도 다 헤아려서 채워주시는 분입니다.

십자가의 길은 아버지의 선한 뜻을 이루도록 진실한 믿음으로 나아가는 것입니다. 날마다 주님을 찬양하고 경배하는 거룩한 삶을 통해 하늘의 위로를 얻는 자의 복된 길입니다.

영원한 위로와 좋은 소망을 은혜로 주신 하나님
우리 아버지께서 너희 마음을 위로하시고
모든 선한 일과 말에 굳게 하시기를 원하노라 [살후 2:16-17]

보이지 않는 성령의 길을 찾는 지혜는 말씀으로 내리는 하늘의 향기를 따라 그 길을 걸어가는 것입니다. 하늘의 영광을 따라 주님의 선한 사업에 충성하는 삶을 드려야 합니다.

하늘의 향기

우리 죄 씻어주신 주님의 공로
수고하고 짐 진 자에게 내리는 사랑
평안으로 채우시는 하늘의 향기

독생자 예수님의 놀라운 사랑
온 몸과 마음 다 내어주신 사랑의 십자가
좁은 문 들어오라 말씀 하시네

성령으로 새사람 되도록
옛 사람 벗고
가난한 심령으로 나아가리라

오래 참고 기다리시는
아버지 마음
성령의 바람 속에 부르신 소망

회개로 출렁이는 강 같은 평화
복음 안에 피어나는
하늘의 향기

2. 하·나·님·의·영·으·로

주 예수
그리스도의 은혜와

하나님의 사랑과 성령의 교통하심이

너희 무리와 함께
있을지어다

[고후 13:13]

하나님의 영으로 내려오는 선물

끝까지 돌아오기를 기다리시는 아버지의 긍휼하심은
영원한 사랑입니다.

자유의지로 나아오도록 이끄시는 아버지의 온유하심은
영원한 소망입니다.

변치 않는 사랑으로 지키시는 아버지의 보호하심은
영원한 믿음입니다.

모진 고난 받으시며 끝까지 승리하신 사랑의 언약은
영원한 위로입니다.

십자가 앞에 나아가 온 맘 다해 따라가는 순종의 지혜는
영원한 회개입니다.

모든 의심 다 버리고 오직 주님만을 영접하는 섬김은
영원한 회복입니다.

기쁨으로 주를 찬양하며 성령을 따라 헌신하는 충성은
영원한 감사입니다.

새 하늘과 새 땅 그리고 새 생명을 주심은
하나님의 영으로 살아가는 하늘의 축복입니다.

영·원·한·소·망

무릇
하나님의 영으로

인도함을 받는 그들은

곧
하나님의 아들이라

[롬 8:14]

세상을 살아가는 동안 인간의 생명을 지키는 일에 가장 중요한 것을 찾는다면 제일 먼저 무엇이 떠오를까요?

일상생활에서 가장 밀접한 관계를 맺고 있는 물이 아닐까요? 우리 몸을 위해서, 그리고 우리 생활의 자원으로서도 없어서는 안 되는 너무나 중요하고 유용한 것이기 때문입니다.

그런데 만일 온 세상의 물이 점점 조금씩 계속해서 없어지게 된다면 세상 사람들의 삶은 과연 어떻게 될까요?

물이 나오는 곳을 찾는 일에 전심전력을 다 하면서 누구나 똑같이 물을 저장하고 보존하기 위해 애를 쓸 것이며, 삶의 문화와 배경이 어떠하든 그것과 상관없이 모든 기준이 오직 물의 소유에만 몰입되는 불안한 세상이 될 것입니다.

점점 메말라가는 물의 부족은 갈수록 심각한 상태와 분쟁을 부르고, 어떻게든 물을 소유하려는 욕심으로 인한 개인마다의 집착 때문에 가장 가까운 가족마저 적이 될 수도 있습니다.

비로소 물을 가진 경우와 가지지 못한 경우의 절대적인 차이가 나타나고 결국에는 가진 자와 가지지 못한 자가 구별되며, 물을 소유하지 못한 자는 빈들에 마른 풀같이 시들면서 절박하게 도움을 기다리는 안타까운 세상이 될 것입니다.

그렇듯 물이 고갈되는 상황이 인간의 몸에, 생활에 그토록 심각한 일을 가져오는 것이라면, 우리 영의 목마름을 적시는 영적인 갈급함은 얼마나 더 큰 문제로 다가오게 될까요?

결국 지금의 세상은 보이는 것의 필요와 중요성은 잘 알고 채우고 있지만, 보이지 않는 영의 목마름에 대해서는 진정한 의미를 깨닫지 못해 놓치고 살아가는 안타까운 시대입니다.

이제 우리는 물 때문이 아닌 영원한 하늘나라를 찾는 영의 목마름이 갈급해야할 때입니다. 성령과 말씀의 은혜로 보이지 않는 영적인 삶을 위한 영의 생수를 찾아 나설 때입니다.

누구든지 목마르거든 내게로 와서 마시라 [요 7:37]

우리에게 가장 기쁜 소식은 바로 영의 목마름을 채워주시는 생명의 말씀입니다. 달고 오묘한 영생수는 성령을 따라 말씀으로 채워지는 은혜와 생명의 빛으로 내려오는 선물입니다.

영의 생수는 모든 사람이 함께 나누어도 모자라지 않는 은혜의 바다입니다. 십자가 보혈로 타오르는 성령의 불을 통해 모두가 하나 되는 참사랑 안에서 분쟁이 그치는 화해입니다.

하나님 나라는 있는 자가 없는 자에게 나누어주면서 모두가 함께 하나님 사랑을 공유하는 평화로운 세상입니다. 우리의 영원한 소망은 십자가에서 얻은 새 생명으로 그 사랑을 전하고 나눔으로 행복한 하나님 나라가 확장되는 것입니다.

기도 제목 - "성령이 주시는 생명의 힘을 간구합니다!"

빛의 자녀는 주의 생명을 얻음으로 몸은 죄로 죽은 것이나 영은 의를 인하여 산 것입니다. 그러므로 다시는 무서워하는 종의 영을 받지 않고 양자의 영을 받았으므로 그 믿음의 확신으로 아버지라 부르짖는 기쁨을 얻고 기도할 때입니다.

성령이 친히 우리 영으로 더불어
우리가 하나님의 자녀인 것을 증거하시나니 [롬 8:16]

* * *

기도 제목 - "육신이 되신 말씀의 능력을 간구합니다!"

태초에 말씀이 계셨고 그 말씀이 하나님과 함께 계심으로 그 말씀은 곧 하나님이셨습니다. 영접하는 자 곧 그 이름을 믿는 자에게 하나님의 자녀가 되는 권세를 주신 것은 혈통으로나 육정으로나 사람의 뜻으로 나지 않고 오직 하나님께 로서 난자이기 때문입니다. 주가 보이신 생명의 길을 가도록 성령의 말씀을 간구하면서 십자가의 능력을 기도할 때입니다.

말씀이 육신이 되어 우리 가운데 거하시매
우리가 그 영광을 보니
아버지의 독생자의 영광이요 은혜와 진리가 충만하더라

[요 1:14]

기도 제목 - "그리스도의 영으로 깨어남을 간구합니다!"

　육신의 생각은 사망이며 영의 생각은 생명과 평안입니다. 하나님의 영이 우리 안에 거하시면 우리는 육신에 있지 않고 영에 있는 것입니다. 그러므로 늘 주님과 함께 하는 은혜와 진리 안에서 살아가기에 힘쓰도록 기도해야 합니다.

한 사람의
순종치 아니함으로 많은 사람이 죄인 된 것같이
한 사람의
순종하심으로 많은 사람이 의인이 되리라

[롬 5:19]

＊ ＊ ＊

기도 제목 - "주님의 순종으로 승리하는 생활을 간구합니다!"

　한 사람의 불순종으로 많은 사람이 죄인이 되었고 한 사람의 순종하심으로 많은 사람이 의인이 되었음은 우리 앞에 살아있는 역사이며 하늘의 소망으로 인도하는 생명의 길입니다. 이제 우리의 기도는 순종하심으로 의의 길로 이끄신 십자가의 길에 동참하기 위한 영의 간구로 깊이 드려져야 합니다.

- 그리스도의 영으로 생명의 빛을 찾는 회복의 힘을 간구합니다.
- 십자가로 구원 받았음을 감사하며 순종의 마음을 간구합니다.
- 고난을 승리로 이끄신 그 길에 동참하는 결단을 간구합니다.

영원한 소망

아버지 마음 보이는 그곳
십자가 보혈 흐르는 그곳

생수의 강물 흘러넘치네
영원한 믿음 위에
주의 십자가

아버지 사랑 머무는 그곳
십자가 은혜 내리는 그곳

진리의 말씀 넘쳐흐르네
영원한 사랑 위에
주의 십자가

아버지 손길 스미는 그곳
십자가 믿음 샘솟는 그곳

성령의 바람 불어오리라
영원한 소망 위에
주의 십자가

축·복·의·통·로

각 사람에게

성령의
나타남을 주심은

유익하게 하려 하심이라

[고전 12:7]

우리에게 가장 큰 축복의 통로는 십자가 보혈의 공로로 임한 예수님의 사랑입니다. 그 피의 공로가 아니면 우리는 죄로 막힌 길에서 하늘의 축복을 만나지 못했을 것입니다.

구원을 받은 우리는 축복의 통로가 되어주신 주님과 함께 하나님의 영으로 살아가야 합니다. 또한 우리도 세상에 나아가 주님과 함께 축복의 통로가 되는 소망으로 기쁨을 누려야 합니다.

축복의 잔은 그리스도의 피에 참예함이 아니며
우리가 떼는 떡은 그리스도의 몸에 참예함이 아니냐

[고전 10:16]

하나님은 우리가 하늘의 축복을 입은 자로서 받은 사랑을 전하는 축복의 통로가 되기를 바라십니다. 주의 권세를 입히시고 말씀의 은혜로 능력 주심은 그 길에 부르신 뜻입니다.

예수께서 우리에게 떡을 떼어주심으로 이제 우리는 그리스도의 몸에 하나로 연합된 거룩한 하나님의 지체입니다. 곧 하나님의 영으로 경배하는 고귀한 축복의 자녀이므로, 예수의 권세로 세상을 다스리는 축복의 통로로 살아갈 때입니다.

빛의 자녀는 세상의 어두움을 진리의 밝은 빛으로 비추는 주님의 통로가 되어야 합니다. 곧 말씀의 능력을 의지하는 영의 사람으로 세상 권세를 이기며, 믿음으로 죄와 싸워 이기는 영광의 길을 따라 세상을 구원하는 의의 길로 전진합니다.

믿음의 축복

믿음의 축복은 구원의 은혜로 회복하는 삶을 인도합니다.
하나님의 영으로 깨어서 진리와 생명을 찾아 달려갑니다.
세상의 문제를 만나도 평안을 잃지 않는 믿음의 길입니다.
성령의 보호하심을 따라 끝까지 승리하는 복된 길입니다.

소망의 축복

소망의 축복은 하늘에 속한 자로 인도받는 영의 회복입니다.
곤고한 우리 마음을 늘 감찰하시는 성령과 함께 살아갑니다.
모든 것을 온전케 하시는 주님의 기도에 힘입어 승리합니다.
진실하신 주님의 마음을 사모함으로 화평을 누리는 길입니다.

사랑의 축복

사랑의 축복은 그리스도의 평강으로 무장하는 은혜를 인도합니다.
정과 욕심을 십자가에 못 박고 자기를 부인하는 순종의 은혜입니다.
낮은 곳에 내려갈 때 임하는 평안으로 하늘의 은혜를 누리면서
사랑의 인내로 헌신하고 충성하며 승리하는 섬김의 길입니다.

하나님의 영으로

주님은 영원히 아름다운 꽃
날마다 피어나는 구원의 꽃

온 세상 가득한 복음의 열기
길이요 진리요 생명이시라

하나님의 영으로 아름다운 꽃
십자가에 흐르는 생명의 꽃

거룩하신 하나님께 영광 돌리고
온유하신 주 앞에 은혜의 찬양

평화를 전하는 십자가 군기
온 맘과 뜻 다해 송축하리라

좁고 협착하여 찾는 이가 없어도
주와 함께 한 걸음씩 나아가리라

구원의 생명 되신 영광의 주님께
하나님의 영으로 경배드리리

3. 승·리·하·는·생·활

구하는

이마다 얻을 것이요

찾는 이가 찾을 것이요

두드리는

이에게 열릴 것이니라

[마 7:8]

승리의 빛

우리 안에 계신 주님
그 사랑 놀라워
오늘도 무릎 꿇고 경배 드리네

우리 위해 당하신
십자가 고통
그 은혜 우리 맘을 감싸 주시네

모든 허물 덮으시는
끝없는 사랑
그 은혜 우리 안에 빛이 되었네

깊이 묻힌 상처 안고 눈물 흘릴 때
어루만져주시며 일으키신 분
위로의 기쁨으로 회개하였네

네 이웃을 네 몸 같이 사랑하라신
보혈의 말씀으로 힐링의 은혜

고난도 감당하는
십자가 사랑
승리의 빛을 향해 달려가리라

아버지의 참사랑
하늘의 소망
영원히 타오르는 생명의 불꽃

힐·링·훈·련·10

네가
여호와의 안에서 즐거움을 얻을 것이라

내가
너를 땅의 높은 곳에 올리고

네 조상
야곱의 업으로 기르리라

여호와의 입의 말이니라

[사 58:14]

① 주·님·께·맡·기·는·평·안

이스라엘아
네 하나님 여호와께서
네게 요구하시는 것이 무엇이냐

곧
네 하나님 여호와를 경외하여
그 모든 도를 행하고 그를 사랑하며
마음을 다하고 성품을 다하여

네 하나님
여호와를 섬기고

[신 10:12]

하나님 시각

하나님 시각은 모든 삶을 주님의 주관하심으로 믿는 것입니다.
매 순간의 모든 일을 생각이나 체험으로 판단하지 않으며
어떤 것도 걱정과 근심이 없이 오직 믿음으로 바라보는 것입니다.
자신이 바라보는 시각을 내려놓고 온전히 따라가는 믿음입니다.
하나님 시각은 주님 뜻 안에서 온전한 연합을 이루게 합니다.

용납하는 마음

주님이 이루실 뜻을 깨닫고 맡겨드리는 믿음은 용납하는 마음입니다.
현실의 상황으로 다가가는 생각은 불안과 근심을 부르지만
주님께서 이루실 뜻을 바라보는 믿음은 평안으로 내려옵니다.
성령을 온전히 의지하면서 용납하는 마음을 간구해야 합니다.
자유의지를 존중하시는 주님은 용납하시는 분이기 때문입니다.

생각을 버리고 따라가는 마음

생각을 버리고 따라가는 마음은 상황을 이기게 하는 힘입니다.
성령의 인도를 따라 영의 시각을 얻을 수 있기 때문입니다.
아버지 뜻에 온전히 순종하신 예수님의 온유한 마음을 배워서
현실의 결과에 요동하지 않는 순종으로 나아갈 때입니다.
하나님께 모든 것을 맡기고 따라가는 믿음은 화평을 부릅니다.

② 유·혹·과·시·험·이·기·는·믿·음

우리를

우리 대적에게서 건지신 이에게
감사하라

그
인자하심이 영원함이로다

[시 136:24]

진정한 믿음의 인내

진정한 믿음의 인내는 오직 그리스도의 마음 안에 있습니다.
삶의 모든 과정을 통해 하나님을 영화롭게 하는 능력으로 옵니다.
세상 죄의 모든 유혹과 시험을 믿음의 인내로 싸워 이겨야 합니다.
아버지를 향한 믿음의 인내는 주님을 따라가는 지혜입니다.
믿음의 인내는 진정한 사랑으로 평안을 지키는 능력입니다.

그리스도의 피로 가까와졌느니라

우리의 죄와 허물을 위해 주님이 십자가를 지셨습니다.
주님이 우리와 하나님 사이에 막힌 담을 허물어주신 것입니다.
그리스도의 피로 하나님과 가까워진 놀라운 선물이 내려와
불순종으로 멀어진 우리가 아버지께 나아감을 얻은 것입니다.
우리를 향한 아버지의 마음은 한없는 용서의 사랑입니다.
십자가 보혈의 능력으로 우리는 주님과 다시 하나 되었습니다.

담대한 믿음의 지혜

주님은 우리 마음을 보호하시려고 항상 주변을 살펴주십니다.
세상 그 어떤 것에도 마음을 빼앗기지 않도록 말씀을 주십니다.
말씀을 따라 깨어나 성령의 인도를 받는 자가 되어야 합니다.
주님의 마음을 지키는 담대한 믿음의 지혜를 얻는 길입니다.
담대한 믿음의 지혜는 죄를 이기는 완전한 능력입니다.

③ 마·음·을·비·우·는·자·유·함

너희는

성령을 좇아 행하라

그리하면

육체의

욕심을 이루지 아니하리라

[갈 5:16]

욕심이 부르는 마음의 고통

욕심은 있는 것을 싫어하고 없는 것을 원하는 마음입니다.
주의 뜻을 찾으려 하기보다 당장 필요한 것을 취하게 합니다.
욕심은 감사를 찾지 못하게 하고 세상 짐에 억눌리게 합니다.
합당한 것이 유익하다면 욕심은 합당치 않은 무익한 것입니다.
욕심을 물리치는 힘은 주신 모든 것을 감사하는 마음입니다.

놓임을 받는 자유

세상에서 놓임을 받는 자유는 하나님을 사랑하는 마음입니다.
지금까지 주신 모든 것을 통한 주의 뜻과 은혜를 바라보면서
주님의 것을 소중히 여기도록 세상의 마음을 버려야 합니다.
매일의 삶에서 하나님이 베푸시는 은혜와 사랑으로 기쁨이 충만할 때,
모든 일에서 놓임을 받는 자유를 얻고 평안을 누리게 됩니다.

구속되지 않는 자유함

주님만으로 살아가려는 결단은 세상에 구속되지 않는 자유함을 부릅니다.
주님이 주시는 자유를 지키기 위해 방해하는 생각을 끊는 것입니다.
생각으로 오는 판단이 가장 무거운 짐이 될 수도 있기 때문입니다.
모든 관계성을 통해 서로 구속되지 않는 자유함을 누리며 살아가도록
정과 욕심을 버리고 주님의 마음으로만 살아가는 지혜를 사모합니다.

④ 낮·은·곳·에·내·려·가·는·화·평

누구든지

자기를
높이는 자는 낮아지고

누구든지

자기를
낮추는 자는 높아지리라

[마 23:12]

주님의 마음

주님의 마음은 낮은 곳으로 내려가신 오직 섬김의 사랑입니다.
주님의 그 마음을 사모하고 닮아가도록 깊이 간구하면서
성령을 온전히 따라가기 위해 오직 말씀 앞에 순종해야 합니다.
모든 현실을 내려놓는 결단으로 주님의 마음을 간구할 때에
모든 것을 가능케 하시는 거룩하신 주의 능력을 부어주십니다.

자기를 부인하는 지혜

하나님의 뜻을 따르는 것은 나의 뜻을 전부 포기하는 것입니다.
주인의 자리에서 자기를 부인하는 자리로 내려가는 것입니다.
낮은 곳에 내려가면 주님은 높여주시고 높아지면 낮추십니다.
예수님의 순종을 따라 그리스도의 마음을 본받는 자 되어서
자기를 부인하고 오직 주님이 가신 길을 따라가기 위함입니다.

낮은 곳에 임하는 은혜

예수님은 오직 하나님의 뜻을 위해 십자가를 지셨으므로
그리스도의 사랑 안에는 생명을 살리는 능력이 들어있습니다.
주님이 행하신 일을 닮아가는 마음은 세상과 멀어지게 합니다.
주를 사모하는 마음으로 하나님과의 화평함을 이룰 때입니다.
하나님 뜻을 이루도록 낮은 곳에 임하는 은혜를 사모하면서
주님이 가신 진실한 사랑의 길을 은혜로 온전히 따라나설 때입니다.

⑤ 믿·음·의·소·망·을·누·리·는·기·쁨

예수를
너희가 보지 못하였으나
사랑하는도다

이제도 보지 못하나
믿고 말할 수 없는
영광스러운 즐거움으로 기뻐하니

믿음의 결국
곧
영혼의 구원을 받음이라

[벧전 1:8-9]

산 소망

예수 그리스도께서 죽은 자 가운데서 부활하신 은혜는
십자가를 따라감으로 믿음의 산 소망을 얻은 축복입니다.
어떤 것으로도 상하거나 없어지지 않고 변하지 않는 것입니다.
생명보다 귀한 주님의 영원하신 기업을 주신 것입니다.
산 소망을 얻은 확신으로 세상을 이기고 승리하는 삶을 드려야 합니다.

주님의 섬김

예수님은 섬김을 받기보다 오히려 우리를 섬겨주신 분입니다.
생명을 주시려고 모진 고통을 다 감당하신 은혜를 주셨으므로,
그 사랑이 우리에게 가장 큰 위로와 용기가 되어야 합니다.
세상이 줄 수 없는 가장 고귀한 하늘의 은혜이기 때문입니다.
주님의 섬김은 우리에게 필요한 모든 것을 다 주신 것입니다.

기쁨과 감사의 확신

십자가의 은혜는 가장 소중한 기쁨과 감사의 확신이 되어야 합니다.
믿음의 축복으로 우리 영혼이 구원을 얻은 은혜이기 때문입니다.
우리 안에 살아계신 주님을 찬양하며 경배하는 삶을 드릴 때입니다.
주님이 주신 완전한 사랑의 은혜로 주를 섬기고 이웃을 섬겨야 합니다.
그리스도 피의 능력을 얻은 기쁨과 감사의 확신은
하나님을 위해 살아가는 은혜로 영원히 돌려드릴 영광입니다.

⑥ 하·늘·의·시·민·권·을·얻·은·확·신

오직
우리의 시민권은 하늘에 있는지라

거기로서
구원하는 자

곧
주 예수 그리스도를
기다리노니

[빌 3:20]

진리와 사랑 가운데서

구원을 받은 우리는 하늘의 시민권을 가진 구별된 자입니다.
하늘의 신령한 복을 누리도록 성령의 도우심을 얻는 자입니다.
십자가에서 얻은 새 생명으로 우리 영혼이 깨끗하고 강건해지도록
말씀을 따라 진실한 그리스도 사랑 안에 온전히 거해야 합니다.
진리와 사랑 가운데서 보이지 않는 믿음으로 승리하는 길입니다.

강건함을 입는 것

십자가 보혈의 능력으로 속사람이 강건함을 입어야 합니다.
성령께서 우리 마음에 계심으로 늘 믿음의 평안을 지키고
주께 나아가 간구함으로 모든 역경을 이겨낼 힘을 얻어야 합니다.
성령의 도우심으로 하늘 영광의 풍성함을 늘 체험하면서 영육간의
강건함을 입는 것은 주가 예비하신 복을 다 누리는 것입니다.

하나님께 당당히 나아감

믿음의 확신은 하늘의 것을 얻고 땅의 것을 내려놓는 것입니다.
주님 사랑의 완전한 능력을 덧입고 담대하게 싸우며 나아갈 때
성령을 의지하는 믿음의 능력으로 세상을 다스릴 힘을 얻습니다.
하나님께 당당히 나아감은 주님이 허락하신 하늘의 권세로
세상을 끌어안고 온전히 감당하는 그리스도인의 복된 길입니다.

⑦ 십·자·가·를·따·라·가·는·지·혜

하나님의 구하시는 제사는
상한 심령이라

하나님이여
상하고 통회하는 마음을
주께서 멸시치 아니하시리이다

[시 51:17]

하늘의 지혜

하늘의 지혜는 인간의 연약함을 도우시는 성령의 도우심이며
아버지 뜻에 순종으로 따를 때 임하는 그리스도의 마음입니다.
십자가에 흐르는 생명 안에 모든 만물이 속해 있음을 믿는 자는
보혈의 능력으로 모든 문제를 해결 받는 지혜를 얻습니다.
하늘의 지혜는 세상을 이기는 믿음의 길로 늘 인도합니다.

긍휼하신 사랑

존귀와 영광을 받으시기에 합당하신 주님께서 세상에 오셔서
대신 고난을 당하신 것은 긍휼하신 사랑으로 새 옷을 입혀주시기 위함입니다.
존귀하신 주께서 생명까지 다 내어주신 긍휼하신 사랑을 받고
그 귀한 은혜에 감사하는 삶으로 영광을 돌려드려야 합니다.
하나님 사랑을 전하고 나누는 온전한 기쁨으로 살아가는 복된 길입니다.

진정한 주의 사람

생명을 내어주신 십자가 사랑으로 회개하는 은혜를 입은 자는
믿음으로 다시 태어난 진정한 주의 사람입니다.
진정한 주의 사람은 오직 한 분이신 하나님께 온 맘을 드려서 기쁨으로
섬기고 충성하는 삶을 드려 주님이 가신 길을 따라갑니다.
세상의 힘이 아닌 하늘의 힘으로 살아가는 진정한 주의 사람은
모든 것을 통해 하나님의 길을 찾는 지혜로
빛과 소금의 역할을 감당합니다.

⑧ 영·적·무·장·으·로·깨·어·나·는·승·리

지극히

높으신 자에게 감사하며

영생하시는 자를 찬양하고 존경하였노니

그

권세는 영원한 권세요

그

나라는 대대로 이르리로다

[단 4:34]

영적 무장으로

영적 무장은 주와 함께 가장 낮은 자리로 내려가는 것입니다.
주님의 능력과 행하심을 바라보고 온전히 따라가는 것입니다.
세상을 향해 담대히 싸우도록 주의 사랑을 덧입는 것입니다.
그리스도의 사랑을 지니도록 주님의 마음을 간구하는 것입니다.
성령을 의지하는 말씀의 영적 무장으로 항상 깨어나야 합니다.

주와 동행하는 은혜

말씀의 권능은 주와 동행하는 은혜로 세상을 이기게 합니다.
날마다 십자가에 주님과 함께 죽는 결단으로 나아가게 합니다.
인간의 혈과 육을 버리고 주의 사랑과 용기를 얻는 길입니다.
호흡이 있는 자마다 주님을 찬양하도록 허락하신 권세를 입고
성령에 이끌리는 영적인 삶으로 주의 길을 따르는 것입니다.

아버지 영광 따라서

아버지 영광 따라서 걸어가는 삶은 매일 기쁨을 얻는 것입니다.
날마다 깨어나 주의 나라를 구하고 찾는 자가 되어야 합니다.
세상은 어둠의 죄로 아버지의 영광을 따를 수 없게 하므로
불순종의 자아를 버리고 세상과 싸우도록 무장할 때입니다.
십자가 사랑 안에 살아 있는 아버지의 영광을 바라보며
사랑의 길을 끝까지 걸어가는 놀라운 은혜로 살아갑니다.

⑨ 빛·가·운·데·살·아·가·는·담·대·함

여호와는
나의 빛이요 나의 구원이시니

내가
누구를 두려워하리요

여호와는 내 생명의 능력이시니

내가
누구를 무서워하리요

[시 27:1]

빛의 길

빛의 길은 진리와 생명이 되신 주의 십자가를 온전히 따름으로
아버지의 뜻을 깨닫고 주신 삶으로 영광을 돌리며 가는 길입니다.
주님이 걸어가신 십자가를 향해 빛으로 오는 지혜를 얻고
세상과 완전히 구별된 마음으로 주의 길을 따르는 것입니다.

규례와 법도

주님의 인애하신 사랑은 자녀의 삶을 행복의 길로 인도합니다.
주의 규례와 법도를 명하시어 그 뜻을 따르게 하심으로
진실한 유익을 얻는 하늘의 소망을 따라 살아가게 하십니다.
우리가 고난을 당함으로 주의 율례를 온전히 배우게 하시고
주의 법도를 지킴으로 주님 나라를 깨닫게 해 주십니다.

생명의 능력

하나님의 사람은 구원을 통해 주신 생명의 능력을 입고 새롭게 나아갑니다.
생명의 능력은 세상의 유혹과 시험을 물리치는 주님의 권세입니다.
두려움을 주는 세상의 어둠과 싸워 이기는 생명의 능력으로
주님이 예비하신 지혜와 담대함을 얻고 기쁨으로 살아갈 때입니다.
주님의 법을 따라 세상과는 다른 주의 길로 온전히 나아갈 때
하나님 나라를 구하고 찾고 두드리는 귀한 삶으로 승리의 길을 갑니다.

⑩ 고·난·을·이·기·는·축·복

인내를
온전히 이루라

이는
너희로 온전하고 구비하여

조금도
부족함이 없게 하려 함이라

[약 1:4]

믿음의 시련

믿음의 시련은 시험을 이기고 인내할 때 열매를 맺으며,
죄에서 승리하신 십자가를 바라보는 기쁨의 소망으로 인도합니다.
십자가를 향한 믿음의 시련은 온전한 주의 길로 이끌려서
오직 주님만 섬기는 담대한 믿음을 키우도록 도와줍니다.
곧 말씀의 능력으로 세상과 싸워 이기도록 단련하는 것이며,
주님이 당하신 십자가 고난에 동참하는 축복을 얻는 것입니다.

영화롭게 되는 자

십자가에서 고난 가운데 흘리신 그리스도의 보혈은
잃었던 자녀를 다시 찾으시려 귀한 생명을 주신 사랑입니다.
주님을 떠나 상하고 찢긴 영혼을 다시 소생시키신 은혜입니다.
이제 십자가를 지신 주님의 고난에 동참하는 삶을 드려
그리스도와 함께 영화롭게 되는 자로 아버지 품에 안길 때입니다.

거룩하고 흠이 없게 하시려고

우리를 거룩하고 흠이 없게 하시려고 주님은 대신 십자가를 지셨습니다.
하나님의 가장 귀한 자녀로 거룩하고 흠이 없게 하신 은혜는
성령을 따라 늘 주님의 것으로 영광 돌리며 살도록 보호해줍니다.
그 은혜는 세상에서 가장 귀한 존귀함을 받은 자의 복이며
주의 권세로 세상을 이기고 승리하도록 그 길을 끝까지 지켜줍니다.

찬 양 시

홀·리·크·로·스·찬·양·드·림

하나님은

온 땅에 왕이심이라

지혜의 시로 찬양할지어다

[시 47:7]

찬송하리로다

주
이스라엘의 하나님이여

그 백성을
돌아보사 속량하시며

우리를
위하여 구원의 뿔을
그 종 다윗의 집에 일으키셨으니

이것은
주께서 예로부터

거룩한
선지자의 입으로
말씀하신 바와 같이

우리
원수에게서와

우리를
미워하는 모든 자의 손에서

구원하시는 구원이라

[눅 1:68-71]

1. 십·자·가·앞·에·영·광·의·찬·송·을

할렐루야

그 성소에서 하나님을 찬양하며

그 권능의 궁창에서

그를

찬양할지어다

[시 150:1]

아름답게 빛나는 생명의 길

십자가에 돌아가신 예수의 사랑
우리 죄 씻어주신 고귀한 희생
수고하고 무거운 짐 진 자 오라

외아들 내어주신 한없는 사랑
온 몸과 마음 주신 순종의 사랑
내가 너희를 쉬게 하리라

어두운 세상에서 옛 사람 벗고
새롭게 거듭난 하나님 백성
진리의 빛 속에 거룩한 자녀

부르심의 인내와 기다림의 소망
용서하고 화해하는 승리의 기쁨
평안의 매는 줄로 하나 되게 하심

주님의 마음은 온유하신 겸손
성령의 바람 속에 기도의 호흡
회개의 강물로 반짝이는 눈물
아름답게 빛나는 생명의 길

아름답게 지으신 고귀한 사랑

태초부터 예비하신 믿음의 선물
온 세상 가득한 은혜의 성령
우리의 삶 보듬고 바라보시며
아름답게 지으신 고귀한 사랑

그 분의 사랑은 진리의 십자가
그 분의 소원은 거룩한 열매

고난으로 감당하신 생명의 면류관
대문 밖에 주 예수 온유와 겸손
품에 안고 녹이시는 위로의 성령
그 분의 심령은 은혜의 바다

주님의 넓은 가슴 그 품에 안겨
사랑의 향기 안고 십자가 지리라
심령이 가난한 자 천국 백성이라
하늘 땅 덮으시는 은혜의 성령

다시 오실 구세주 영광의 주님
거룩하신 그 이름 우리 예수님

2. 사·랑·의·그·길·에·서

너희의 구속자시요
이스라엘의 거룩하신 자이신
여호와께서 가라사대

나는
네게 유익하도록 가르치고
너를 마땅히 행할 길로 인도하는

너희 하나님 여호와라

[사 48:17]

그 곳

아버지 마음 머무는 그곳
하늘의 평화 내리는 그곳
진리의 말씀 넘쳐 흐르네
영원히 경배하리 주 사랑

아버지 마음 흐르는 그곳
십자가 보혈 가득한 그곳
성령의 위로와 기쁨의 평안
영원히 찬양하리 주 은혜

주의 사랑 품으니 감사의 눈물
주의 심정 깨닫는 온유한 사랑
아버지 손길 머무는 그 곳
예수의 마음 안고 달려가리라

주님의 마음은 끝없는 바다
은혜의 방주 타고 회개하리라
성령의 바람 속에 들리는 음성
내가 너를 영원히 사랑하노라

그 길 따라서

보혈을 지나 그 길 따라서 나도 가리라
예수의 향기 품고 고요히 가리라
성령의 바람 은혜의 바람 불어오리라
빛 되신 주님 따라 영원히 가리라

십자가 보혈 그 길 따라 나도 가리라
골고다 언덕 가시 면류관 고난의 그 길을 가리라
시련이 와도 주님 바라보며 흔들리지 않으리
주님과 함께 두 손 들고 찬양하리라

영광의 그 길 따라 나도 가리라
사랑과 은혜로 오신 만유의 주님
하늘나라 영광을 찬양하리라
온 맘 다해 주님을 경배하리라

소망으로 오신 그 길 따라서 나도 가리라
순종으로 오신 섬김의 길을 나도 가리라
성령의 바람 은혜의 바람 불어오리라
승리의 주님과 영원토록 함께 가리라

3. 소·망·을·바·라·보·는·길

너희의

믿음의 역사와 사랑의 수고와

우리

주

예수 그리스도에 대한

소망의 인내를

우리

하나님 아버지 앞에서 쉬지 않고 기억함이니

[살전 1:3]

소망의 길이 여기에

소망의 길이 여기에
그 길을 바라보는 나의 마음
조용히 내려오는 평안 속에
고요히 흐르는 영원한 생명

십자가 향한 샘솟는 기쁨
이제 주님을 만나려 하네
내 안에 영원히 살아계신
우리 구주 예수 그리스도

소망의 꿈이 여기에
그 꿈을 찾아가는 나의 마음
은밀히 내려오는 진리의 말씀
평강으로 오시는 우리 아버지

주님을 향한 생명의 호흡
이제 주님을 맞으려 하네
내 안에 영원히 살아계신 그 분
생명의 빛을 향한 소망의 길이 여기에

소망의 빛

세상 죄 무거운 짐
홀로 다 지시고
고난의 십자가에 달리신 주님

거룩한 마음으로 순종하셨네
섬김으로 베푸신 주님의 사랑
회개하는 뜨거운 은혜 있으리

그리스도 안에서 하나 된 우리
하나님 백성으로 부르신 소망
평화의 나라 찬양하리라

소망의 밝은 빛 회복의 강물
홀로 가신 주님의 그 길 따를 때
고난도 이기는 축복 있으리

사랑 안고 바라보는 소망의 빛
심령이 가난한 자 모두 나와서
주님의 기쁨 되어 영광 돌리리

4. 영·원·한·승·리·를·향·해

너는 행복자로다
여호와의
구원을 너같이 얻은 백성이 누구뇨

그는 너를 돕는 방패시요
너의 영광의 칼이시로다

네 대적이 네게 복종하리니
네가 그들의 높은 곳을 밟으리로다

[신 33:29]

승리의 기쁨

생명의 밝은 빛줄기 따라
활짝 피어나는 승리의 기쁨
구원으로 인도하는 고귀한 사랑
우리 위해 창조하신 축복의 선물

십자가 은혜 위에 진리의 성령
주님과 동행하는 축복의 통로
소망 안고 피어난 생명의 향기
십자가 따르는 일꾼 되리라

눈부신 희생은 복음의 씨앗
십자가에 빛나는 영광의 면류관
예수의 사랑 흐르는 보혈
구하고 찾고 두드리는 문

부르짖는 자에게 믿음의 계단
찾으면 찾으리라 보이시리라
구하는 자에게 하늘의 양식
불어오는 평화 승리의 기쁨

영원한 생명수

주님의 고난 속에 흐르는 생명수
상한 마음 고치시는 보혈의 능력
고요히 스며드는 위로의 성령
연약함 도우시는 십자가 은혜

어두운 세상 비추는 진리의 빛
온 세상 적시는 은혜의 단비
주 예수 그리스도 성령의 날개
막힌 담 열리는 회복의 소망

십자가 지고 가는 의의 길에서
예수의 향기로 부름 받았네
멀리서 들리는 온유한 음성
네가 나보다 큰일을 하리라

오늘도 채우시는 영의 목마름
하늘에서 내리는 은혜의 성령
밝은 빛 비추는 언약의 사랑
진리를 향한 영원한 생명수

5. 구·원·의·선·물

성경은

능히 너로 하여금

그리스도 예수 안에 있는

믿음으로 말미암아

구원에

이르는 지혜가 있게 하느니라

[딤후 3:15]

구원의 축복

말씀의 권능 주신 구원의 축복
찬양과 경배로 주 앞에 서리라

성령을 따르는 의의 길을 향해
믿음의 용기로 굳게 서리라

주님이 홀로 가신 십자가의 길
복음 들고 우리 함께 걸어가는 길

성령의 바람 부는 구름 사이로
쉬지 않고 달려가는 구원열차

우리를 섬겨주신 십자가 사랑
그 사랑의 열매 구원의 축복

고난 속에 승리하신 영광의 이름
그 이름 놀라운 예수 그리스도

구원의 축복 안고 달려가는 꿈
세상에 나아가 빛과 소금 되리라

구원의 기쁨

새 하늘과 새 땅
새 생명으로 인도하는 참 사랑은
구원의 소망입니다

뉘우치는 눈물로 돌아오기를
기다리시는 아버지 마음은
구원의 사랑입니다

주님 앞에 나아가
의심을 버리고 구주를 영접하는 결단은
구원의 확신입니다

십자가 위에서
멀리 퍼지는 예수의 향기는
구원의 믿음입니다

고난도 함께 하면서
십자가로 가까이 나아가는 용기는
구원의 기쁨입니다

6. 하·나·님·사·랑·으·로

하나님의 사랑이
우리에게
이렇게 나타난바 되었으니

하나님이
자기의 독생자를 세상에 보내심은

저로 말미암아
우리를
살리려 하심이니라

[요일 4:9]

하나님 마음

지금 마음이 힘드신가요
홀로 지친 외로움으로 고통받나요

하나님 마음을 구하세요
새로운 삶이 열리는 사랑입니다

소망이 안 보이나요
실망과 좌절로 괴로운가요

자리에서 일어나 아버지를 불러보세요
허물을 덮어주시고 다 감싸주십니다

환란과 고통으로 혼자 남은 것은
하나님을 만나기 위한 축복입니다

이제 힘든 자리에서 무거운 짐 내려놓고
부드러운 손길의 주님 만나러 가요
내 아들이라고 찾으시며 기다리십니다

부르짖는 기도

주님 제가 여기 있습니다
당신을 만나러 이제 왔습니다

당신의 사랑을 받으면서도
세상을 버리지 못했습니다

세상의 부러움을 포기 못하고
유혹과 욕심에 빠졌습니다

욕심으로 몸부림치며 모두 찢기고
메마른 심령으로 여기 있습니다

이제야 주님 앞에 나왔습니다
간절히 부르짖으러 나왔습니다

어디선가 들려오는 주님의 음성
내가 진정 너를 사랑하노라
내가 너를 부르고 기다렸노라
이제 부르짖는 기쁨 안고 주님께 달려나갑니다

7. 당·신·은·하·나·님·의·사·람·입·니·다

사람이

마음으로 믿어 의에 이르고

입으로

시인하여 구원에 이르느니라

[롬 10:10]

하나님의 사람

당신은 십자가 은혜로
이 땅에 살아가야 할 의미를 찾았나요
회개하는 눈물로
주님 앞에서 애통한 마음을 기도했나요

당신이 바로
진실한 하나님의 사람입니다

우리 죄를 위해 아들을 내어주신 아버지 사랑 앞에
온 맘을 다 드렸나요
거룩한 생명 주심에 감사하는 마음으로
세상 모든 것을 내려놓았나요

당신이 바로
진실한 하나님의 사람입니다

우리를 위해 졸지도 주무시지도 않는
성령님을 만나세요
성령의 바람 불어와 부어주시는 은혜에
순종하는 감사를 드리세요

당신이 바로
진실한 하나님의 사람입니다

하늘의 지혜

내가 먼저 불러요 사랑하는 마음을
내가 먼저 구해요 바라보는 지혜를

믿음으로 깨어나는 사랑의 용기는
하늘의 지혜를 부른답니다

내가 먼저 불러요
믿음의 사랑을

내가 먼저 구해요
감사의 은혜를

솟아나는 사랑 안에 기쁨이 맺힐 때
소망의 길이 열립니다

아버지 손을 꼭 잡고
함께 걸어갈 때 임하는 평안이 소중합니다

어디로 가야할지 어떻게 해야할지 모를 때
믿음의 용기로 따라나서는 마음이 곧 하늘의 지혜입니다

치·유·와·회·복

사람이 마음으로 믿어

의에 이르고

입으로 시인하여 구원에 이르느니라

[롬 10:10]

마음으로 믿어

당신은 하나님께서 택하신 기쁨의 자녀입니다.
이제 하나님과 가장 가까운 친구가 되세요.
아버지의 뜻을 모두 다 이루어드리는 복음의 자녀로 깨어납니다.

순간마다 밀려오는 세상의 많은 문제 앞에서
하나님의 이끄심을 기억하고 그 뜻을 따르세요
삶의 중심이 되시며 보살피시는 성령의 체험을 맞이합니다.

모든 순간 아버지 마음을 느끼도록 생각을 비워야 합니다.
모든 일의 주인이 당신이 아닌 아버지이심을 믿고 따를 때입니다.

잠잠히 바라보고 따라가는 믿음 안에 흐르는 평안을 체험하세요.
아버지의 뜻과 당신의 뜻이 다를 때 감사로 순종하세요.

당신의 뜻을 내려놓도록 알게 하시는 성령의 은혜입니다.
순종하는 지혜로 아버지와 더욱 가까워지는 기쁨이 찾아옵니다.

예수 십자가 안에 살아가는 삶의 목표가 분명해지고
하나님이 살아계심에 대한 믿음의 확신을 시인하고 선포하면서
다시는 변하지 않을 절대적인 믿음으로 무장한다면 복음의 자녀입니다.

어느새 우리 눈앞에 있는 세상의 모든 현실은 낮아지고
천국에서 누릴 영광을 바라보는 지혜가 온 맘에 가득 채워진답니다.

의에 이르고

아버지를 진정한 주인으로 모시고 살아가는 소망은
믿음의 열매로 하나님의 의를 드높이게 하며
영광을 돌리는 복음의 자녀로 승리하도록 인도합니다.

주인을 섬기는 종의 마음으로
순종하는 지혜를 구하세요.
근심하지 않도록 삶의 전부를 맡겨드리기 위해서입니다.

인간의 연약한 마음은 그 깊이와 넓이 그리고 높이를 헤아릴 수 없으나
믿고 따르는 순종을 드릴 때
모든 것을 아시는 주님의 능력을 주십니다.

다른 사람을 판단하지 않도록 생각을 내려놓고 비워지기를 기도하세요.
생각으로 들어오는 판단이 당신에게 고통을 주기 때문입니다.
생각의 판단을 주님의 주관하심에 맡겨드리면 용납의 힘으로 바뀝니다.
십자가 사랑에서 흐르는 보혈의 능력이 용납하는 마음을 보내줍니다.

아버지의 의를 따라 살아가는 비밀의 지혜를 간구하세요.
모든 것을 이루어주시는 아버지께 다 내어드리는 결단을 드리면
인간의 제한된 생각이 열리고 자유가 임하는 주의 권능이 내려옵니다.

성령의 충만한 은혜로 하나님 나라 확장을 위해 살아간다면
하나님의 의를 이루어드리는 영광의 삶이랍니다.

입으로 시인하여 구원에 이르느니라

천지를 창조하신 하나님을 찬양하고 영광의 찬송을 올리세요.
세상에서 오는 모든 핍박에서 건지시고 승리하는 자로 택하심을 깨달아
하늘에서 내리는 성령의 은혜로 날마다 새로운 감동을 얻는답니다.

하나님 나라의 승리는 그 무엇으로도 막을 수 없는 놀라운 역사입니다.
세상을 이기는 믿음으로 담대하게 일어나 구원의 길로 달려가도록
날마다 성령과 말씀으로 새로운 의의 옷을 입고 깨어나세요.

구원에 이르는 것은 이전의 모든 것을 다 버리고
새사람이 되는 것입니다.
성령의 사람으로 살도록 지나간 것을 모두 뒤로 하고 다시 찾지 마세요.
지나간 것은 썩어질 것이므로 새것과 함께 있으면 모두 망가진답니다.

구원에 이른 자로 살아가는 축복은 삶의 문제가 와도 평안을 지키도록
모든 문제를 주께 드려서 주님의 새것으로 바뀌는 체험을 얻는답니다.

이제 우리는 구원받은 자로 세상과 구별된 의의 옷으로 단장하러 가요.
주님을 입술로 시인하고 주의 사람으로 세상에 담대히 나아갈 때입니다.

구원받은 자의 사명은 세상에 나아가 빛과 소금이 되는 것이니까요.

하나님께서 받으실 영광은
영혼 구원을 통해 성도와 교회가 회복되고 구원 받은 우리가 하나 되어
하나님 나라를 위해 세상과 싸워 이기는 승리입니다!

소개합니다

"만인을 그리스도의 제자로 삼으라"

Jesus Disciple Movement
예수제자운동을 소개합니다!

1977년 12월 3일
강원도 춘천에서 7명의 청년들이 모였습니다.

단체의 이름이나 조직은 없어도
주님을 향한 갈망과 말씀에 대한 열망만큼은
가득했습니다.

이들의 비전은 단순했습니다.
예수님께서 제자들에게 주신 지상명령,
그것이 곧 비전이었습니다.

"만인을 그리스도의 제자로 삼으라" -마 28:19-

"주님과 작은 무리의 모임"이라고 불리기를 원했던
이 무리들은 다른 도시로,
다양한 계층으로 퍼져가기 시작했고,

공식적인 이름이 필요하던 때에
예수제자운동(JESUS DISCIPLE MOVEMENT)으로
작은 모임의 이름을 정하게 됩니다.

체계적인 훈련과 교육의 필요성이 제기됨에 따라
아래의 과정들이 세워지게 됩니다.

1991년 한국제자훈련원
        Korea Disciple Training Institute 개설
1997년 디모데훈련학교
        Timothy Training School 개교
2001년 한국복음주의신학교
        Korea Evangelical Theological Seminary 개교

2009년 호주퍼스신학교Perth Bible College 협약
2010년 국제신학대학원대학교 협약

2002년 국제선교훈련원
        International Missionary Training Institute 개설
2012년 위그린국제학교
        Wigrin International School 개교

정착이 아니라 개척을,
무리가 아니라 제자를,
조직이 아니라 가족을,
성장이 아니라 부흥을

기대하며 사모했던 jdm은

2014년 기준,

국내 100여 개의 캠퍼스와 전 세계 30여 개국에서

복음전파,
제자훈련,
세계선교의
사명을

감당하고 있습니다.

홀리크로스찬양드림

찬양으로 영광을!

다 여호와의 이름을 찬양할지어다

그
이름이
홀로 높으시며

그
영광이
천지에 뛰어나심이로다

[시 148:13]

홀·리·크·로·스·찬·양·드·림

1. 심령이 가난한 자

심령이 가난한 자 복이 있나니 천국이 저희 것임이요
애통하는 자는 복이 있나니
위로를 받을 것이요

온유한 자는 복이 있나니 땅을 기업으로 받겠네
의에 주리고 목마른 자는
저희 배부를 것이요

긍휼히 여기는 자 복이 있나니 긍휼이 여김 받을 것이요
마음이 청결한 자 복이 있나니
저희가 하나님을 볼 것이요

화평케 하는 자는 복이 있나니 하나님의 아들이라 일컫네
핍박을 받는 자는 복이 있나니
천국이 저희 것이라

기뻐하고 즐거워하라 하늘에서 상이 큼이라
믿음 소망 사랑 중에
제일은
사랑이라

[마 5:3-12에서]

심령이 가난한 자

두란노제자훈련원

홀리크로스찬양드림

심령이 가난한 자 복이 있나니 천국이 저희 것임이 - 요
온유 - 한 - 자는 복이 있나니 땅을 - 기업으로 받겠네

애통 - 하는 자는 복이 있나니 위로를 받을 것이요
의에 - 주 - 리고 목마른 자는 저희 배부를 것이요

긍휼히 여기는 자 복이 있나니 긍휼히 여김 받을 것이요

마음이 청결한 자 복이 있나니 저희가 하나님을 볼 것이요

화평케 하는 자는 복이 있나니 하나님의 아들이라 일컫네

핍박을 받는 자는 복이 있나니 천국이 저희 것이라 기뻐

하고 즐거워하라 하늘에서 상이 큼이라 믿음

소망사 - 랑 중에 제일은 사 - 랑이라

2. 주님 계신 평화의 나라

주님 다시 오실 때까지 무릎 꿇고 경배드리리
십자가 모진 고통 멸시와 천대
승리하신 우리의 주님

상한 마음 고치시는 위로의 성령
허물을 덮으시는 진실한 사랑
오늘도 채우시는 영의 목마름
약한 자를 도우시는 주

어둔 세상 비추는 진리의 성령
은혜의 성령이 오셨네
천국복음 전파하면 끝이 오리니
다시 오실 주님을 맞이하리라

구하라 그리하면 주실 것이요
찾으면 찾으리라 하셨네
문 두드리면 열릴 것이라 주님 계신 평화의 나라

복음 들고 달려가리라 만민에게 전파하리라
주님 다시 오실 때까지 영광의 길 찬양하리라

주님 계신 평화의 나라

두란노제자훈련원   홀리크로스찬양드림

C / Am Dm / C G7

주 님 다 시 오실 때까지 무릎 꿇 고 경배드리리
상한마음고치시는 위로의성령 허물을덮으시는 진실한사랑

C / Am Dm G7 / C

십 자 가 모진 고통 멸시와 천대 승리하신 우리의 주 님
오 늘 도 채우시는 영의 목마름 약한자를 도우시는 주

C C7 F / D D7 G7

어 둔 세 상 비 추 는 진 리 의 성 령 은 혜 의 성 령 이 오 셨 네

C C7 F / D D7 Gsus4 G7

천 국 복 음 전 파 하 면 끝 이 오 리 니 다 시 오 실 주 님 을 맞 이 하 리 라

C / Am Dm / C G7

구 하 라 그 리 하 면 주 실 것 이 요 찾 으 면 찾 으 리 라 하 셨 네

C / Am Dm G7 / C

문 두 드 리 면 열 릴 것 이 라 주 님 계 신 평 화 의 나 라 복 음

C C7 F / G7 D D7 G7 / C C7

들 고 달 려 가 리 라 만 민 에 게 전 파 하 리 라 주 님 다 시 오 실 때 까

F G7 / C F/C C

지 영 광 의 길 찬 양 하 리 라

두란노제자훈련원 : 제자훈련 · 영적훈련
힐 링 상 담 카 페 : 상담세미나 · 내적치유상담
두란노전인교육아카데미 : 다중지능진로개발전인교육
두 란 노 교 회 : 예수그리스도공동체

www.두란노제자훈련원.com
http:blog.naver.com/holycross1225 힐링! 예수 그리스도의 선물
043-745-0191 / 745-3234
충북 영동군 매곡면 해평동 2길 12번지